驻马店矿产资源开发与利用研究

主　编　方向平　张锦灵

副主编　张子恒　袁正刚　郑红柱

黄河水利出版社

·郑州·

内容提要

本书在大量收集整理驻马店市矿产资源资料的基础上详细分析了该区域矿产资源的开发利用现状，旨在通过对矿产资源的详细了解，为相关矿业开发、科学利用找寻一条更加绿色、环保的矿产资源综合利用新道路。

本书可为矿产资源开发利用提供相关参考。

图书在版编目(CIP)数据

驻马店矿产资源开发与利用研究/方向平，张锦灵主编. —郑州：黄河水利出版社，2021.6
ISBN 978-7-5509-3017-9

Ⅰ.①驻… Ⅱ.①方…②张… Ⅲ.①矿产资源开发-研究-驻马店 ②矿产资源-综合利用-研究-驻马店 Ⅳ.①F426.1

中国版本图书馆 CIP 数据核字(2021)第 124155 号

出 版 社：黄河水利出版社　　网址：www.yrcp.com
地址：河南省郑州市顺河路黄委会综合楼 14 层　邮政编码：450003
发行单位：黄河水利出版社
发行部电话：0371-66026940、66020550、66028024、66022620(传真)
E-mail：hhslcbs@126.com
承印单位：河南新华印刷集团有限公司
开本：787 mm×1 092 mm　1/16
印张：9.75
字数：170 千字
版次：2021 年 6 月第 1 版　　印次：2021 年 6 月第 1 次印刷

定价：68.00 元

《驻马店市矿产资源开发与利用研究》
编委会

主　　编：方向平　张锦灵

副主编：张子恒　袁正刚　郑红柱

参　　编（以姓氏笔划排序）：

王　宁　王连平　王爱华　王笑然

张　参　李建设　李荣华　杨小双

豆靖涛　陈晶晶　周永升　庞　磊

曾志斌　程相启　谢晓明

序

斗转星移,日月如梭,转眼之间,驻马店市矿产资源管理已迎来了它的第二十个春天。回望驻马店市国土资源矿业管理走过的风风雨雨,矿业管理工作正面临着历史以来严峻的考验,也正是这种挑战,使驻马店市的矿产资源管理成为当地经济社会发展中举足轻重的新生力量。

驻马店历史悠久,人杰地灵,是秦丞相李斯、《盐铁论》的作者恒宽、唯物主义思想家范缜等历史名人的故乡;这里还是蔡氏、金氏、江氏家族的发祥地。境内风景如画,自然、人文景观众多。北有《西游记》续集拍摄外景地,被誉为"中原盆景"的嵖岈山;南有山水一色的国家级风景名胜区、国家级森林公园薄山湖;西有幽奇叠翠、险峻兀立的省级风景名胜区铜山;东有芦荡成片、鱼禽共舞的最大平原湖宿鸭湖,以及汝南天中山、秦丞相李斯墓、伏羲画卦等名胜古迹。中国"四大传奇"中的梁山伯和祝英台的故事发源于汝南县境内。享有"小延安"之称的确山县竹沟镇曾是中共中央中原局和河南省委所在地;刘少奇、李先念等老一辈革命家曾在这里战斗过。著名抗日英雄杨靖宇将军出生在驻马店市古城乡李湾村,1995年新建了杨靖宇将军纪念馆。

驻马店美丽富饶,矿产资源极为丰富。初步探明的矿产有50多种,其中化工灰岩、玻璃用砂、萤石矿储量分别居全省第一位、第二位、第四位。1999年,在驻马店伏牛山余脉发现世界级大型金红石矿床,总储量在5 000万t以上。目前已发现各类矿产52种,其中金属矿产17种、非金属矿产28种、能源矿产4种、其他矿产3种。发现各类矿产地370多处,其中大型矿床12处,中型矿床20处,小型矿床77处,矿泉水7处。有储量信息的矿产39种。驻马店市矿产资源总的特点是:矿种较多,分布广,矿床规模有大有小,大部分为非金属矿。

这些年来,驻马店市的矿产资源管理部门积极应对挑战,在矿业市场"一紧一松、震荡调整"的严峻形势下,切实履行职责,大力维护矿产资源开发秩序,加强地质找矿工作,有力地支撑了驻马店市经济社会平稳较快发展。同时,抓住机遇,顺势而为,扎实开展驻马店矿产资源规划、地质勘查规划、地质灾害防治规划的修编制度工作,持续推进矿产资源评估、矿业权核查、矿产资源利用现场调查,努力夯实矿产资源管理基础工作。特别是全市系统认真学习贯彻党中央、国务院、自然资源部，以及省委、省政府、市委、市政府的决策部署和一系列中央、省、市领导重要讲话精神，结合驻马店市实际，深入开展地质找矿改革发展大讨论，成效显著。风雨多经志弥坚，关山初度路犹长。今天，我们着手把驻马店的矿产资源资料收集整理汇编成册，以期能对大家更好地回顾、总结、查询资料提供些许帮助。

天仪再始，岁律更新，新的航程即将开启。我们有理由相信，有过去二十年矿产资源管理中不畏艰难、直面挑战的经历，有市委、市政府和上级自然资源部门的正确领导，全市矿产资源管理和经济发展工作一定会再上新台阶，成绩更辉煌！对经济社会发展的支撑作用更强，为中原经济区的发展和社会进步做出更大贡献！

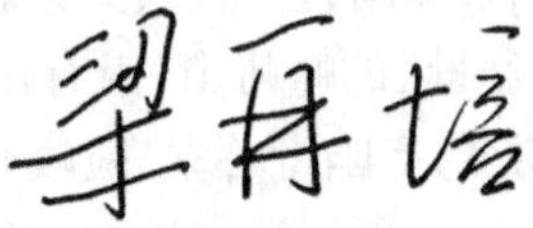

2021年3月4日

前 言

矿产资源是国民经济和社会发展的重要物质基础,矿产资源的开发利用受到资源环境的约束。驻马店是河南省的重要矿产资源大市之一,矿产资源开发历史悠久,矿业活动十分活跃,矿产资源利用程度较高,在全市工业经济发展中有着举足轻重的作用。

建设资源节约、环境友好型社会是中国经济社会可持续发展的核心任务。面对国际矿业形势的变化及目前我国进入高速工业化发展时期对矿产资源的需求仍然较大的现状,制定区域矿产资源开发利用对策,及时加快矿业结构调整,进行产业升级,为经济建设提供资源保障具有十分重要的理论及实践意义。

本书以可持续发展理论为指导,以驻马店市矿产资源经济体系为对象,运用资源经济学理论、计量经济学理论及公共管理等相关理论基本原理与方法,对驻马店市矿产资源可持续利用进行可行性分析,创新性地对驻马店市矿产资源可持续发展体系模式进行设计,并提出一套区域矿产资源重要性综合评价方法体系。在收集大量研究资料的基础上,对驻马店市矿产资源的开发利用现状、未来发展趋势和开发利用中存在的问题进行了全面系统分析,明确了驻马店市开发利用的重点矿种,进行了矿产资源开发利用分区,提出驻马店市开拓域外矿产资源、建立稳定的资源供应体系、高效开发利用优势矿产、维护生态、协调发展的矿产资源可持续开发利用对策。

实行社会主义市场经济以后,矿山企业和地勘单位已经成为独立的法人和经济实体,传统的矿业行政管理已经不适用,而今应依法实施管制,尤其是要加强社会性管制。本书在借鉴发达国家矿业管制先进经验的基础上,对中国矿业管制体制的现状进行比较系统、深入的分析,剖析存在问题及其原因,提出优化的对策建议。

本书主要供各矿业开发参与者和管理者使用,在编写中力求语言通俗易懂,简单实用,可操作性强。

本书共包括七章,具体编写分工如下:第一章由河南省地矿局第五地质勘查院方向平编写;第二章由河南省地矿局第五地质勘查院张锦灵编写;第三章由河南省地矿局第五地质勘查院袁正刚、郑红柱编写;第四章由河南省地矿局第五地质勘查院方向平、张锦灵、张子恒、袁正刚、郑红柱、曾志斌、陈晶晶、王笑然、程相启、李建设、庞磊、李荣华、谢晓明、杨小双及河南省自然资源监测院豆靖编写；第五章由河南省地矿局第五地质勘查院张参、王爱华编写；第六章由河南省地矿局第五地质勘查院王连平、周永升编写；第七章由河南省地矿局第五地质勘查院张子恒、王宁编写。全书由张锦灵统稿。

本书编写过程中，在搜集相关矿产基础资料等方面，得到了驻马店市自然资源局、河南省地质矿产勘查开发局第五地质勘查院的大力支持，本书编写也参考了大量相关文献资料，引用了相关标准，在此向有关作者表示诚挚感谢！

由于编者水平所限，书中难免出现纰漏、不妥之处，敬请专家、读者批评指正。

编　者

2021 年 3 月

目　录

第一章　基本概况

一、地理位置与交通

驻马店市位于河南省中南部的桐柏山脉、伏牛山脉与华北平原的结合部，周边与河南省漯河市、周口市、南阳市、信阳市及安徽省阜阳市相接，地处淮河上游的丘陵平原地区。古为历代官道，因设驿站而得名，素有“豫州之腹地，天下之最中”之称。

地理坐标：东经 113°04′25″~115°12′00″，北纬 32°18′00″~33°35′00″。分布范围：南北长 191.5 km，东西宽 137.5 km，总面积 15 083 km^2。

经国务院批准，2000 年 8 月 1 日设立地级驻马店市，市委和市政府设在驿城区。全市共辖九县一区，即泌阳县、确山县、正阳县、上蔡县、汝南县、平舆县、新蔡县、遂平县、西平县和驿城区，188 个乡镇、街道办事处。

全市现有人口 700.84 万人（2020 年年末），驻马店人口以汉族为主，约占全市总人口的 99.9%；还有回族、蒙古族、维吾尔族、满族、苗族等 51 个少数民族，约占全市总人口的 0.1%。

驻马店市处于中国南北交通通道，区位优势明显。驻马店市交通十分便利，公路、铁路、航运纵横交错，四通八达，具有承东启西、南北通融之便。境内京广铁路、京深公路（107）、106 国道和京珠、阿深高速公路纵贯南北，沪陕高速等 6 条省级公路纵横全境，水路东通安徽，南入长江，直达上海。区内各县、乡间均有公路相通并辐射相邻地区（见图 1-1、图 1-2）。

二、地形地貌

驻马店市地势总的特点是西高东低，地形以平原为主，西部低山丘岭为桐柏山脉和伏牛山脉，一般海拔为 150~500 m，其中位于泌阳县境内的白云山最高峰海拔高达 983 m；中、东部皆为开阔的淮河冲积、湖积平原，地势平坦，海拔高 35~100 m，以 1/4 000~1/10 000 的坡度向东缓倾。

图 1-1　驻马店市貌

图 1-2　驻马店市交通位置图

三、气象及水文特征

(一)气象

驻马店市属北亚热带与暖温带过渡季风气候区,具有亚热带与暖温带的双重气候特征,是典型的大陆性季风型半湿润气候,光、热、水资源丰富,四季分明。夏季炎热多雨,以偏南风为主;冬季寒冷、干燥,以偏北风为主。由于受局地气候的影响,确山、遂平二县的西部和泌阳县东部浅山丘陵区,多发山洪和暴雨。东部平坦低洼,降水集中,易发生洪涝灾害。

全市年平均太阳辐射总量112~120 $kcal/cm^2$,为省内次高值区。年平均日照2 000~2 200 h,全市5~9月光照条件最好。

全市年平均气温为14.8~15.0 ℃,平均最低气温在1月,月平均气温0.8~1.6 ℃。极端最低气温普遍出现过低于-15 ℃的低温。1955年1月6日,汝南记录到-20.7 ℃的低温。7月最热,月平均气温27.2~27.6 ℃,极端最高气温均出现过40 ℃以上。近年极端最高气温达43.7 ℃。全市大于0 ℃积温5 300~5 500 ℃,日平均气温稳定通过10 ℃持续220~226 d,积温4 700~4 800 ℃,无霜期220~230 d,霜期为10月到翌年4月,年平均霜期142 d。年平均降水量为860~980 mm(最大降水量为1975年的2 279 mm,给驻马店市带来了空前的水灾;最小降水量为1966年的462 mm)。南部多于北部,西部多于东部,热量条件最好的4~10月,集中全年降水量的82%~86%,并具有以下降水特征:年际变化大、四季分配不均匀、地区差异明显、强度大。

(二)水文

驻马店市水系以伏牛山为分水岭,北东部为淮河水系,西南部属长江水系。淮河的重要支流洪河、汝河、臻头河发源于西部山区,长江流域的泌阳河发源于桐柏山区。驻马店市地下水资源总量为60.9亿 m^3,水利化程度较高,现有薄山、板桥、东风、宿鸭湖等大中型水库,总库容量达23亿 m^3。

四、区域经济发展及人类活动

驻马店市地处我国东西部结合部的"中原经济区",是西部大开发的前沿。北依"陇兰"(经济带)、南携"长江"(经济带)。

驻马店市是农业大市,以盛产小麦、玉米、棉花、芝麻、油菜为主,是河南省主要的粮、棉、油产区之一。改革开放以来,全市的工农业生产,包括采矿业等得到了较大发展,全市国内生产总值1 055.45亿元,地方财政收入61.92亿元,全市城镇居民人均可支配收入13 702元,与中华人民共和国成立初期相比，经济总量大幅度提高，城乡人民生活有了较大改善。

全市已形成了以医药、建材、纺织、化工、电力、矿产、机械电子、食品、烟草为主要行业，门类齐全、产品种类繁多的工业体系。

据初步探查，全市有矿藏52种，其中煤储量1.71亿t，石油储量2 146万t，天然气4.33亿m^3；钾矿资源量达10亿t以上，含钾高达8%~10%，储量及品位均居全国第二位；白云岩储量2亿多t，氧化镁含量较高（21.3%）；高店—安棚天然碱矿，储量1 000万t以上。最近，在驻马店市泌阳与南阳桐柏之间发现了大型金红石矿，其品位和含量被《人民日报》报道为亚洲第一，世界罕见，有巨大的开采价值。化工灰岩、玻璃用砂、石英石、萤石、白云岩、花岗岩、熔剂灰岩、大理石等非金属矿产均具有较高的开采价值。

全市有大小河流100多条、水库172座、水面32万亩（1亩=1/15 hm^2，下同），水资源总量约63亿m^3，为工农业用水提供了充足的水源。

第二章　矿业开发环境

一、矿政管理服务

驻马店市国土资源局成立于2001年9月,全市国土系统广大职工在市委、市政府的正确领导和省国土资源厅的精心指导下,局党组"一班人"与时俱进、开拓进取,树立和落实科学发展观,认真贯彻执行党的路线、方针、政策,按照"科学管理、强化素质、履行职能、服务发展"的工作思路,解放思想,真抓实干,各项工作都取得了令人瞩目的成绩。先后被国土资源部和农业部授予"全国基本农田保护工作先进单位",被河南省授予"精神文明先进单位""土地管理系统先进单位""国土资源监察先进集体"和"土地管理信访先进单位"等荣誉称号。

在矿产资源管理上,驻马店市国土资源局坚持保护与开发并举,实施有序开发、规范管理,健全规章制度,理顺管理关系,监管到位,措施得力,设置合理办事流程,确保工作实效。保持全心全意为人民服务的优良传统,不断强化服务意识,完善服务机制,提高服务质量,为矿业权人创业发展提供一个良好、诚信、和谐的环境,促进本市矿业经济的快速发展。

二、地质勘查工作现状

驻马店市的地质矿产研究工作在中华人民共和国成立初期就有学者涉足,但大多局限在部分点上,较系统的研究工作是20世纪60年代中期开始的。经过地质工作者几十年来的努力工作,驻马店市地质矿产调查评价与勘查工作取得了丰硕成果。

(一)基础地质调查

已完成全部基岩区1:20万(4个图幅)区调,完成1:5万区调9个标准图幅,面积2 940.12 km²;完成全部基岩区1:20万水系沉积物测量2个图幅,面积8 574 km²;完成1:20万重砂测量2个图幅,面积5 670 km²;完成全区1:50万重力测量、1:20万重力测量、1:20万航空磁测;部分地区完成1:5万~1:2.5万航空磁测;完成1:20万水文地质、工程地质调查6个图幅,面积15 083 km²。

(二)矿产资源勘查

地质工作者在驻马店市矿产集中分布区进行了较为详细的调查评价与勘查,发现109处矿床。其中,已进行过勘探的10处,详查8处,普查48处,预查36处,矿泉水7处。非金属矿勘查深度:露天采矿一般在侵蚀基准面之上,地下开采的矿床一般勘查深度100~200 m;金属或贵金属矿勘查深度一般在100~400 m,部分矿区勘查深度大于1 000 m。矿产勘查程度与工作量投入,在不同的矿种和不同的地域上有差别。

驻马店市现有探矿权为39个,部分已取得成果,其中新蔡6个探矿权,其他主要分布在泌阳县、确山县、驿城区等。

(三)社会服务性地质工作

为重大基础建设工程、城市规划、生态建设(生态农业、生态林业、生态旅游)、环境保护和减灾防灾等工作做了大量的不同精度的基础地质、水文地质、工程地质、环境地质、物探、化探等综合方法调查研究。

近年来,依托科技的进步,在市委、市政府的统筹下,驻马店市的地质勘查工作不断加强,对全市发现的矿床(点)进行了更多、更深层次的勘查工作;引进应用了卫星定位、遥感、地理信息系统“3S”一体化勘查等先进技术,在地质调查、找矿勘查和国土资源综合调查方面发挥了重要作用;取得了一大批科研成果,极大提高了全市的地质研究水平。

为深入贯彻科学发展观,按照河南省委、省政府提出的“重在持续、重在提升、重在统筹、重在为民”的总体要求,自觉服从和服务于加快经济发展方式转变、促进经济结构调整和产业转型升级的大局,全面增强重要矿产资源的保障能力,更好地满足经济社会发展的需要,以综合利用研究、深部找矿为目的的重要矿产整装勘查正在统筹进行中。

驻马店市已列入计划的整装勘查区(项目)共有4个:

(1)舞阳—新蔡地区铁矿整装勘查区。

(2)河南省泌阳条山—桐柏毛集地区铁矿带整装勘查区。

(3)河南省确山一带水泥用灰岩普查区。

(4)河南省泌阳—确山县萤石矿整装勘查区。

上述项目的实施将为驻马店市提高资源保障能力做出巨大的贡献。

三、矿产资源开发利用现状

驻马店市矿产资源的开发利用历史悠久,开发利用的矿产已达30多种,主要有石油、天然气、铁矿、金矿、脉石英、萤石、水泥用灰岩、白云岩、钾长石、花岗岩、大理岩、建筑用砂、黏土等。矿产品的应用领域由开采初期仅用于建筑石料已发展成为能源、化工、冶金、建材和农业生产等产业不可缺少的原材料。油气矿产开发利用程度较高,产量占全省第三位;金属矿产的开发利用以铁矿为主,条山铁矿是安阳钢铁集团信阳钢铁厂的优质铁矿石原料基地;非金属矿产开发利用程度较高的主要有水泥用灰岩、萤石、脉石英等,现已成为建材、冶金、化工工业的原材料基地,这些矿产资源开发不仅带动了建材、化工、农业、交通运输和乡镇企业等相关产业的发展,而且已成为全市国民经济发展的一个新的经济增长点。

四、勘查开发前景

随着社会发展、经济增长,对矿产品的需求处于上升态势,而资源丰富的驻马店,矿产资源的勘查和开发具有广阔的前景。

驻马店矿物种类丰富,目前探明储量有限,商业性地质勘查空间充足。

部分潜力矿种、部分区域的矿产资源"尚在深闺人未识",有待开发。

矿产资源开发以出售原矿和初级产品为主,原矿开采量与深加工产品比例失调,着力于矿产资源综合利用和深加工能力的投资将取得丰硕回报。

第三章 区域地质背景

在经历了46亿年地质历史长河的演化过程中,驻马店市不仅形成了丰富的矿产资源,而且拥有大量的地质遗迹。这里既有薄山湖白垩纪火山遗址、薄山湖南北地质分界标志地等为全国罕见,又有国家级地质公园、国家"AAAA"级旅游区、河南省十大热点景区和18个重点风景区之一的"嵖岈山风景名胜区"(见图3-1)。

图3-1 嵖岈山风景名胜区

驻马店市基岩出露面积约3 700多km^2,占全市总面积的25%左右,主要分布在京广铁路以西的泌阳县、确山县、遂平县,横跨华北地台和秦岭褶皱带两大构造单元。在漫长的地质发展历史中,经历了多期复杂的变形变质作用和强烈的岩浆活动,地层出露齐全,沉积类型繁多,矿产资源丰富,有些矿种在全省占有重要地位。

一、地层

以泌阳羊册—信阳明港韧性剪切带为界,以北属华北地层区,以南为北秦岭地层区，测区地层系统如表 3-1～表 3-3 所示。驻马店市大部分地区属于华北地层区。

表 3-1　综合地层简表

地层名称			代号	厚度(m)	主要岩性
新生界	第四系		Q	1～127	黏土、砂质黏土
	上第三系		N	176	泥岩、砂岩
	下第三系	毛家坡组	E	50～100	砂岩、砂砾岩
中生界	白垩系		K	64～352	火山角砾凝灰岩
	侏罗系		J	<100	页岩、砂砾岩

表 3-2　华北地层区

地层名称			代号	厚度(m)	主要岩性
下古生界	奥陶系	马家沟组	O	200	灰岩、白云质灰岩
	寒武系	上统	$\in_3$	363	白云质灰岩
		中统	$\in_2$	60	泥质灰岩
		下统	$\in_1$	26～925	白云质灰岩
上元古界	震旦系	罗圈组	Pt_3l	210	冰碛砾岩
	栾川群		Pt_3ln		炭质片岩、大理岩
	洛峪群	洛峪口组	Pt_3ly	212～611	页岩、白云岩
		三教堂组			变石英砂岩
		崔庄组			白云石英片岩，含钾黏板岩
中元古界	汝阳群	北大尖组	Pt_2ry	1 000～2 500	石英岩、白云石大理岩
		白草坪组			长石石英砂岩
		云梦山组			石类砂岩
	熊耳群		Pt_2xn	>1 500	中性熔岩
太古界	太华群		Arth		变形变质侵入岩及包体

表 3-3 北秦岭地层区

地层名称			代号	厚度(m)	主要岩性
下古生界	二郎坪群	刘山岩组	Pz_1er	<762	细碧岩、角斑岩
		张家大庄组		<1 067	火山碎屑岩夹大理岩
		大栗树组		>243	斜长角闪片岩
中元古界	宽坪群	回龙寺组	Pt_2kn	395~525	片岩、白云大理岩
		左老庄组		>1 400	二云石英片岩、斜长角闪片岩

二、侵入岩

区内岩浆活动十分频繁,在各个地质时期中均见不同程度的岩浆侵入或喷发活动,超基性、基性、酸性、碱性岩类都有产出。以酸性、中基性岩石出露最广。侵入岩侵入时代有晋宁期、加里东期、海西期和燕山期,具多期多次侵入特征。

(一)晋宁期侵入岩

1. 基性岩(N_2)

基性岩出露于确山县周庄一带和西叶老庄,侵入汝阳群和熊耳群地层。岩体形态为层状、似层状,已遭受强烈变形变质。岩性为斜长角闪岩、斜长角闪片岩、角闪片岩等,根据岩石化学特征恢复原岩为辉长岩及橄榄辉长岩。

2. 花岗岩(γ_2)

花岗岩分布于泌阳羊册、龙骨石、黄山口、龙王庙及塔山、张千年岭一带。可分为黄山和塔山两大岩体,由微斜条纹长石、更长石、石英及少量黑云母组成。

(二)加里东期侵入岩

加里东期侵入岩分布于羊册韧性剪切带南侧,岩类齐全,从超基性岩到酸性岩类都有。

1. 超基性岩($\psi\omega_3$)

超基性岩分布于泌阳官庄乡大高庄一带,有岩体5个,围岩为中元古界宽坪群。岩性以斜辉橄榄岩、斜辉辉橄岩为主,次为含辉纯橄岩、辉石岩等,超基性岩均全部蛇纹石化,MgO 平均含量在 35.52% 左右,CaO 平均含量在 2.33%,符合制作钙镁磷肥原料的工业要求,并可同时综合回收镍。

2. 基性岩(υ_3)

基性岩分布于泌阳县官庄—杨集一带,零星分布有岩体8个,在深部钻孔中也见有基性岩分布，岩性为辉长岩，侵入围岩为宽坪群。

3. 中性岩(δ_3)

中性岩分布于泌阳县马谷田、堡子一带，北部侵入于中元古界宽坪群，南侧侵入下古生界二郎坪群。岩性为闪长岩、石英闪长岩，其锆石 U—Pb 一致曲线上交点年龄 432 Ma。在堡子—堡洼一带见有零星的铜矿化，相邻的桐柏地区则有金矿化。

4. 酸性岩(γ_3)

酸性岩分布于条山一带，北侧侵入堡子闪长岩体、南侧侵入二郎坪群中。岩性为斜长花岗岩，其全岩 K—Ar 年龄为 442.2 Ma。沿南侧的接触带常见有铁、铜矿化。

(三)海西期侵入岩(γ_4)

海西期侵入岩分布在泌阳桃园至黑石山一带，面积约 120 km^2。侵入下古生界大栗树组和张家大庄组，西部又被燕山晚期似斑状花岗岩侵入，与围岩接触具硅卡岩化。组成矿物主要有斜长石、钾长石、石英、黑云母等，少量角闪石、绿帘石、白云母。根据矿物含量特征，岩石类型可分为中粒斜长花岗岩、中粒黑云斜长花岗岩、黑云母花岗岩等。

(四)燕山期侵入岩

该期岩浆侵入活动剧烈，均为酸性盐类。

1. 燕山中期(γ_5^2)

燕山中期花岗岩分布在泌阳象河关—春水一带，呈北西—南东向侵入太古界太华群地层中，并有其捕掳体。岩石为粗中粒花岗岩、中粒斑状花岗岩、细粒斑状花岗岩、花岗斑岩等。岩石矿物成分主要由条纹长石、更长石、石英、黑云母等组成。

2. 燕山晚期(γ_5^3)

燕山晚期花岗岩最发育，主要分布于房山、祖师顶、石板张、大尖顶、吴沟石峰砦、老廖庄、嵖岈山、纸坊、铜山、黄山、梁湾等地，呈岩基、岩株产出。岩性为细粒斑状花岗岩、中粒花岗岩等。肉红色钾长石普遍高于斜长石，斜长石为更长石。

三、构造

(一)褶皱

1. 白云山背斜

白云山背斜呈北西—南东走向，枢纽及轴线略有起伏弯曲，由泌阳竹林经高庄、拐头山东到确山中常店一带分布,全长约 40 km。其转折端为白云山逆断层破坏。竹林西北背斜已被大面积花岗岩侵入体破坏。背斜核部为白云山片麻岩及塔山侵入岩,南翼混合岩化较弱,北翼混合岩化较强,属古老的强变形花岗岩带。该花岗岩带为晋宁期花岗岩。背斜两翼由熊耳群、汝阳群组成,倾角 35°~60°,由于受断层和混合岩化及燕山晚期花岗岩侵入影响,岩层褶皱、扭曲及破碎强烈,产状变化较大。

2. 邓庄铺—阎庄复式背斜

邓庄铺—阎庄复式背斜位于辖区南部邓庄铺—阎庄一带,长约 50 km,往东被第四系覆盖,是区内最大褶皱。它控制了区内南部构造线方向,由一系列不同规模和形态的次级褶皱组成,其总体形态仍然是一个开阔褶皱。它的枢纽略呈向南凸出的弧状,总体延伸方向为北西西—南东东,略有起伏,但轴面产状变化不大。褶皱核部由熊耳群火山岩组成,两翼皆由汝阳群石英岩、云母石英岩夹大理岩透镜体组成。其北部的地层出露较完整,南翼基性岩体的侵入致使鄢庄以东地层大部分缺失,并使产状发生倒转。

3. 石滚河复式向斜

石滚河复式向斜位于石滚河—刘岗一带,处于白云山背斜与邓庄铺—阎庄复式背斜之间,该向斜总长约 35 km,出露宽 9 km,东西两端皆被新生界地层掩盖,南翼由中元古界汝阳群组成,走向 110°~125°,倾向北东,倾角 40°~45°,北翼由于断层的破坏,汝阳群地层大部分缺失,主要出露熊耳群火山岩,走向 100°~120°,倾向南西,倾角 40°~50°。

该向斜的两翼发育有许多次级褶皱,规模较大的有杜庄向斜,杏树沟向斜、背斜,高石垴向斜、背斜,煤窑向斜等。除杜庄向斜外,这些褶皱均为宽缓对称的平行式褶皱。

(二)断层

1. 羊册断裂带

羊册断裂带是驻马店区内主干断裂,西北起于驻马店区外经羊册到高乐山被铜山花岗岩侵入,向东到信阳明港被平罗盆地覆盖,隶属羊册—明港区域性深大断裂。剪切带内发育硅质糜棱岩、长英质糜棱岩、角闪质糜棱岩,后期又有脆性断裂活动,发育有各种脆性构造岩,沿断裂带多见石崖峭壁。断裂带走向 320°,倾向南西,倾角 45°~65°,断裂向南盘为宽坪群,东北盘为华北地区的不同构造岩层单位。

2. 大寺断层

大寺断层西起李仙桥东经桃花店至龙王庙,在驻马店区内全长 25 km。断层走向 300°~320°,倾向北西。该断层切割了太华群和晋宁期黄山花岗岩体。

3. 白云山断层

白云山断层西北起于竹林经白云山北坡、拐头山至二王坡被第四系覆盖,全长 43. 5 km。主要切割晋宁期花岗岩体,东南端切割熊耳群。断层倾向南西,倾角 50°~70°。断层为一宽 20~30 m 的硅质糜棱岩带,最宽有 50 m,在其东端竹沟盆地北侧为一断裂谷地,宽 200~400 m,最宽达 500 多 m。

4. 盆庄断层

盆庄断层位于台山北坡,盆庄位于断层中间西延至唐树岭附近被第四系掩盖,向东略偏南过盆庄到金盘顶后又被第四系覆盖,全长 14. 2 km。断层走向略有弯曲,由 260°~295°,断层倾向南,倾角 48°~62°。断层两侧有约 15 m 的角砾岩带及破碎带,两侧岩层产状紊乱,沿断层有零星的萤石矿化。盆庄南发育有平行的次一级断层,有铅、锌矿化。

5. 红石崖断层

红石崖断层北起方庄南经红石崖、塔院到传庄,止于纸坊岩体,长约 10 km。断层沿走向弯曲,北段走向 20°~25°,南段近南北向,倾向西,倾角 70°~80°,破碎带宽 15 m,具角砾岩及擦痕。

驻马店市区域构造纲要图如图 3-2 所示。

四、区域航磁异常分布特征

由河南省 1:50 万航磁图可知,驻马店市大大小小共分布着 12 个异常。其中,一类异常 4 个、二类异常 3 个、三类异常 5 个。从磁场平面剖面分析,磁场特征表现较为复杂,有大面积升高的规律性异常带,有正负相间的平稳的磁场,也有呈现起伏波动的复杂磁场,还有在升高磁场背景上的独立小异常。总之,本区存在各式各样的磁异常特征,反映出本区复杂多变的地质矿产特征。

(一)一类异常

驻马店市区内一类异常包括 M95、M178、M36 和 M34。M95 位于泌阳县条山沟,异常分布于下古生界二郎坪群的角闪片岩、角山岩及大理岩地层之上,异常强度 1 450γ,曲线形状圆滑对称,根部宽,两翼逐渐过渡为正磁场。异常范围 2. 3 km×1. 7 km,其内分布中型条山铁矿。

M178 位于泌阳县马谷田乡境内,范围 6. 6 km×2. 4 km,异常强度 850γ,

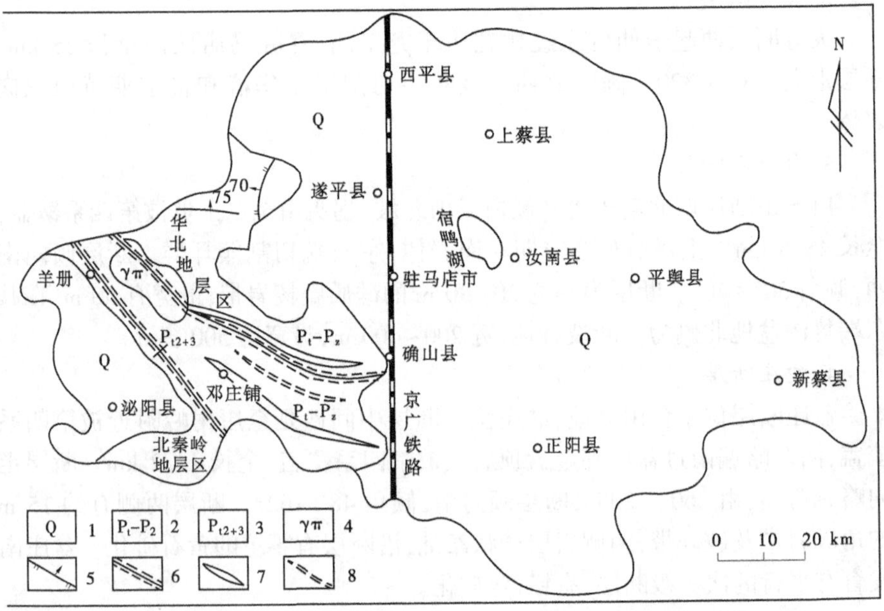

1—第四系;2—元古界—古生界;3—中上元古界;4—晋宁期花岗岩;
5—断裂;6—糜棱岩带;7—背斜;8—向斜

图 3-2 驻马店市区域构造纲要图

异常中部为第四系覆盖,南部为加里东期闪长岩体,北部为中元古界变质岩系。异常反映有规律的形状,根部宽阔,曲线东缓北陡,未出现负值。该异常经 1/10 000 物探地面检查和钻探验证,为多个小铁矿体引起。

M36、M34 分别位于确山县孙庄之南西侧和梁庄附近,M34 最大峰值 100γ,较平缓,异常出现在-200～-300γ 的背景上;M36 异常强度为 200γ,走向北西西,曲线形状对称圆滑,延长达 9 km 以上,两异常均为已知铁矿体所引起。

(二)二类异常

二类异常包括 M35、M37、M77/23。M35 位于确山县吴沟,异常范围 2.2 km×1 km,为强度 200γ 的弱小异常,形状对称、圆滑,沿走向呈东西延伸,断续出现达 10 km 以上。在此异常西 2.5 km 有马楼铁矿。此异常为含磁铁矿的云母片麻岩和铁矿所引起。

M37 位于确山县邢店,异常范围 9 km×3.5 km,强度 400γ,反映宽阔、平缓,形状圆滑,走向东西向,延长达 7 km,为接触交代型铁矿化及其他磁性体所引起。

M77/23 位于遂平县和沟东 1 km，异常范围 2.3 km×2.8 km。异常仅仅反映在一条测线上，峰值尖锐，上部分叉，梯度变化较陡，强度 600γ，为铁矿化及多金属矿化所引起。

（三）三类异常

三类异常包括 M180、M184、M79/23、M70－4/23、M_A－16 等 5 个异常。M180、M184 分别位于确山县竹沟和泌阳县贾楼，异常均反映在起伏的低磁场的背景上，呈线性的小突起，强度 300γ，为富含角闪石的基性岩所引起。

M79/23 位于泌阳县春水乡，异常出现在抖动的区域正磁场上，峰值较尖锐，梯度较陡。异常范围 1.2 km×1.8 km，异常区内大部分为第四系，边缘出露有花岗石，为含磁铁矿的岩体所引起。

M70-4/23 位于泌阳县至方城公路附近，异常强度低，为岩体所引起。

M_A-16 位于正阳县兰青店一带，异常在平缓中呈较尖峰，极大值 600γ，范围 13.4 km×10.8 km。地磁异常检查反映平缓，异常地表为黄土覆盖，钻孔中 220 m 见闪长岩，此为异常源。

五、区域贵金属地球化学异常分布特征

据 1:20 万水系沉积物测量成果，驻马店市金元素背景分布总的趋势是：北中部大面积范围内呈背景、低背景分布；西南部（羊册断裂南西基岩区）为背景、高背景分布；中部孔桥—邓庄铺—竹沟—邢店一带为背景、高背景分布；南东部（李新店北西）为高背景异常分布区。区内金异常特征如表 3-4 所示。

表 3-4　金异常特征一览表

金异常编号	异常强度（10^{-9}）	异常面积（km^2）	异常元素组合	地质特征	解释推断
Au_1	2.5~5	5	Ag	第四系	可能为砂金所引起
Au_2	2.5~5	4	Ag	第四系	
Au_3	2.5~5	4	Ag、Pb、Zn、Cu	地层主要为栾川群，次为汝阳群，构造发育，已知有铜锌矿点、矿化点、铜矿化点	反映了已知多金属矿点矿化点，具有找金银矿（化）体的意义

续表 3-4

金异常编号	异常强度（10^{-9}）	异常面积（km^2）	异常元素组合	地质特征	解释推断
Au_4	2.5~5	4		汝阳群	找矿意义不大
Au_5	2.5~5	4		第四系	找矿意义不大
Au_6	27.8	6		第四系	可能为砂金所引起
Au_7	2.5~5	3		第四系	找矿意义不大
Au_8	2.5~5	3		第四系	找矿意义不大
Au_9	2.5~5	3		第四系	找矿意义不大
Au_{12}	2.5~5	4		汝阳群	找矿意义不大
Au_{10}	2.5~5	3		出露地层为二郎坪群，岩体为燕山晚期花岗岩或海西期斜长花岗岩。已知有多处金矿点及铜矿点	反映了已知金矿点、铜矿点，具有重要的找矿意义
Au_{13}	2.5~5	3			
Au_{14}	2.5~5	3			
Au_{16}	2.5~5	4			
Au_{17}	2.5~5	4	Ag、Pb、Zn		
Au_{18}	2.5~5	4			
Au_{20}	2.5~5	5	Ag		
Au_{23}	2.5~5	8	Ag	出露地层为汝阳群、熊耳群及栾川群，岩体为晋宁期中基性岩（N_2）	可能为砂金或金矿化所引起，具有一定的找矿意义
Au_{24}	2.5~5	3			
Au_{30}	2.5~5	12			

六、区域黄金自然重砂异常特征

据1:5万重砂测量成果，驻马店市共圈出4个较有意义的黄金重砂异常，其中Ⅰ级异常1个、Ⅲ级异常3个，均分布于西部山区。河南省驻马店市地质图见图3-3。

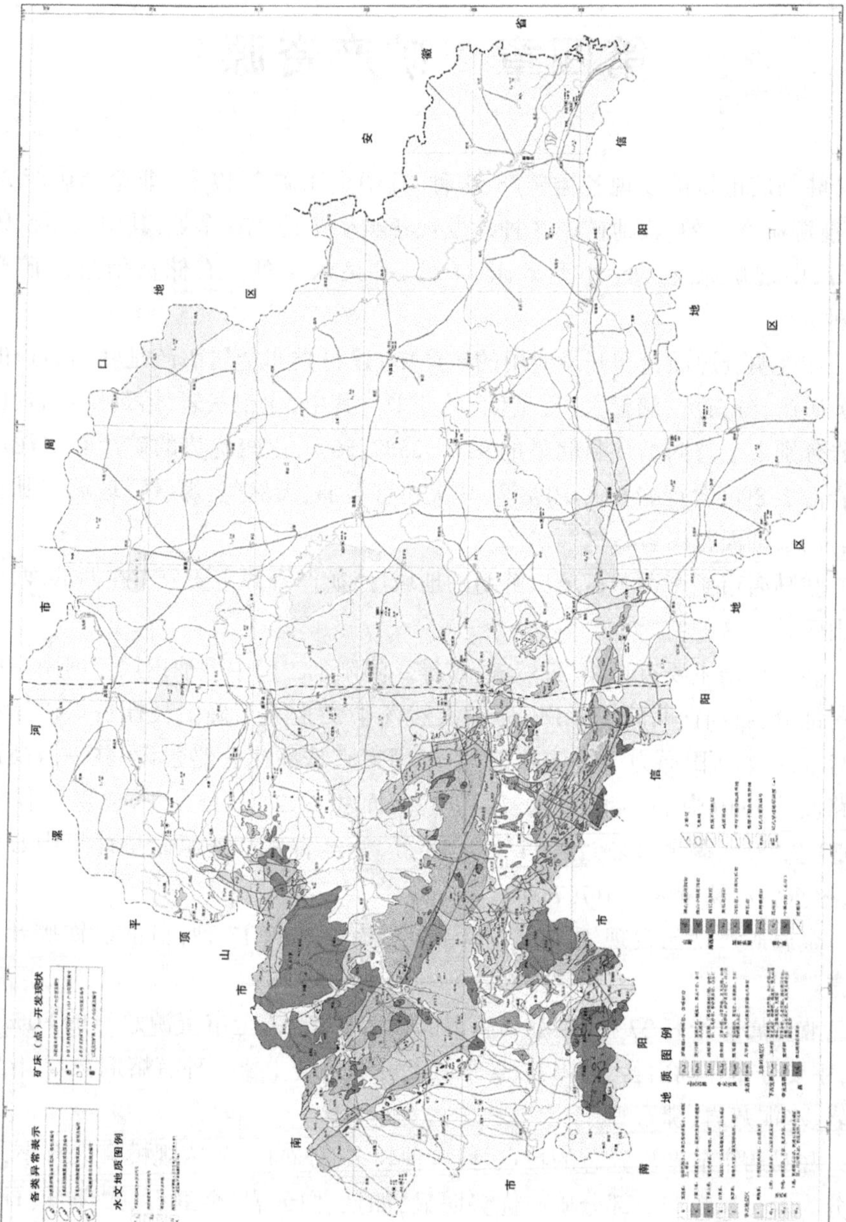

图 3-3　河南省驻马店市地质图

第四章　矿产资源

驻马店市目前发现各类矿产52种,其中金属矿产17种、非金属矿产28种、能源矿产4种、其他矿产3种。发现各类矿产地370多处,其中大型矿床12处,中型矿床20处,小型矿床77处,矿泉水7处。有储量信息的矿产39种。

在查明资源储量和开发应用的矿产中,建材类非金属矿产是驻马店市的优势矿产,分布广、储量大、质量优、易开采。其中,化工灰岩、熔剂用灰岩、白云岩分别占全省同类资源储量的91%、25%、56%,比较优势的矿产有水泥用灰岩占3.8%,含钾岩石占10%等,其次还有石油、天然气、煤、铁、玻璃用脉石英、萤石、饰面花岗岩石材等矿产。

驻马店市矿产资源显示出鲜明的地域性,矿产资源主要分布在西部、西南部山区。

能源矿产主要有石油、天然气、煤等。泌阳下二门中型油田属于河南油田的一部分,石油探明储量2 146万t,天然气4.33亿m^3;确山吴桂桥煤矿储量1.37亿t,本井田原为一整体井田,由于国家京珠高速公路建设,驻—信高速公路段从井田中心南北穿越,压覆矿区面积约2.11 km^2,压覆煤矿储量2 533.22万t,剩余可采储量11 172.58万t。经省矿产资源储量评审中心评审,核查资源储量为9 617.7万t。

金属矿产现已发现铁矿、金、铅银及稀有金属等17种,目前以铁矿开采为主。

非金属矿产有27种,是驻马店市的优势矿产,占全市资源总量的80%以上,主要分布在确山县、泌阳县、遂平县和驿城区。主要矿种有熔剂灰岩、化工灰岩、水泥灰岩、沸石等。

驻马店市矿产资源总的特点是:矿种较多,分布广,矿床规模有大有小,大部分为非金属矿产。部分矿产优势明显,如铁、白云岩、金红石、大理石、石灰岩等。

第一节　能源矿产

一、煤

煤由有机化合物和各种矿物杂质的混合物组成,其中的碳、氢、硫等成分是可燃体(见图 4-1)。煤是我国的主要能源之一,在冶金、发电、化工、居民生活等方面有重要作用,被称为“工业的粮食、黑色的金子”。有褐煤、烟煤、无烟煤、半无烟煤几种。

图 4-1　煤矿石

驻马店市已发现的煤矿产地 3 处,即确山煤田吴桂桥井田、确山煤田安里井田和七棵树煤矿点。确山煤田是豫南较大的煤田之一,分布范围为驻马店市罗庄以南,正阳县杜文集、熊寨以北,西至 107 国道,东到正阳县城,面积 1 400 km^2,现经勘查已查明储量的有吴桂桥井田和安里井田。七棵树煤矿点仅做过矿点检查。

(一)吴桂桥中型煤矿(1)

1. 地理位置

吴桂桥中型煤矿(1)位于确山县城北东 9 km 吴桂桥一带,地理坐标:东经 114°03′15″～114°07′35″,北纬 32°51′33″～32°53′43″。井田中心距京广铁路马庄车站 6 km,距驻马店车站 12 km,交通便利(见图 4-2)。

图 4-2　吴桂桥煤矿

2. 矿床地质特征

太原组含煤 7 层、山西组含煤 4 层、上石盒子组含煤 24 层,共计 35 层,可采煤 22 层。其中,山西组中的 B_2^1、B_2^2 煤层和上石盒子组的 C_2^2、C_3、C_4^3、D_2^1、D_3 煤层稳定,为主要可采煤层。

3. 开发利用现状

吴桂桥煤田共探明储量(A+B+C+D 级)14 957. 8 万 t, 精查 22 个可采煤层储量(A+B+C 级)13 705. 8 万 t,其中 7 个主要煤层的储量(A+B+C 级)10 566. 9 万 t,占总储量的 87. 6%。现已建井开采。

(二)确山煤田安里井田(2)

1. 地理位置

安里井田位于河南省驻马店市确山县东约 12 km 处,距驻马店市约 25 km,距汝南县约 25 km。行政区划隶属于河南省确山县刘店镇和汝南县舍屯镇管辖。地理坐标:东经 114°07′45″~114°12′30″,北纬 32°47′30″~32°51′30″。

2. 矿床地质特征

安里井田可采、局部可采煤 16 层,其中主要可采煤 4 层:二$_2$、三$_3^2$、三$_4^2$、三$_4^3$煤层为较稳定煤层。有零星可采点的不可采煤 5 层(四$_3^1$、四$_3^2$、四$_3^3$、四$_3^4$、四$_3^5$)。

安里井田煤层稳定程度为较稳定。

3. 资源储量

安里井田共探明储量(331)+(332)+(333) 5 985. 6 万 t(其中焦煤 4 342. 7 万 t、贫瘦煤 973. 5 万 t、无烟煤 669. 4 万 t)。

(三)七棵树煤矿点(3)

七棵树煤矿点位于确山县任店镇七棵树。地理坐标:东经 113°58′09″,北纬 32°44′26″。

煤系地层受断层影响后,在七棵树出露,南北宽 150~200 m,断续长 500 m,产状 305°∠30°。该矿点共见 3 层煤,仅上层煤可采,上层煤厚几十厘米至 2 m。就标本观察,煤质脆,比重小,不污手,光泽强,具贝壳状断口,且见植物年轮,含黄铁矿晶体。

1986 年河南省地矿厅地调三队做过矿点检查,估算储量 16 万 t,属矿点。可供民采。

二、石油、天然气

石油是从地下深处开采的棕黑色可燃黏稠体,主要是各种烷烃、环烷烃、芳香烃的混合物,化学成分以碳、氢为主。石油主要被用作燃料油和汽油,也是许多化学工业产品,如溶剂、化肥、杀虫剂和塑料等的原料。人们常称之为“工业的血液”。

天然气是一种气态的矿物能源,可作民用和工业动力燃料,天然气中的甲烷是生产合成氨、甲醇的主要原料。天然气与其他矿物能源比较,具有干净清洁、使用方便、燃烧效率高、当量热的价格低等优点。

驻马店市油气资源仅有1处，位于泌阳西南的下二门中型油田。该油田属于河南油田的一部分，现简述如下：

下二门中型油田(4)位于泌阳县高店乡下二门一带的泌阳凹陷中。

核桃园组生油条件层系最大厚度2 000余米，生油岩丰度高，有机碳为1.27%~2.05%，氯仿沥青"A"为0.12%~0.19%，烃含量最高为1 455 ppm。

该油田以核三段生油条件最好，生油量为13.73亿t，占总生油量的89%，储集层为砂岩。砂岩最大厚度1 500 m，孔隙度大于15%，最大33.7%，渗透率大于300千分达西。油田生储组合形式主要是自生自储自盖。生、储油层呈层间互层出现。

产油层为下第三系核桃园组二、三段，平均油层厚度28.16 m，油层物性好，孔隙度15.43%~22.66%，渗透率343~2 427千分达西。原油比重0.851 7~0.884 8，属中质原油。产油层埋深800~2 380 m，为背斜型藏油。

三、铀矿

铀是自然界中的较重元素，也是极为稀有的放射性金属元素，拥有非常长的半衰期，一种银白色金属，具放射性和核裂变现象，比重19.7(见图4-3)。铀主要用于核工业和制造原子弹。通过反应堆能将铀的核能转变为热能，可用来发电、开动轮船和火车等。随着科技的发展，核能在我国将起到越来越重要的作用。

图4-3　铀矿石

驻马店市共有铀矿产地4处，其中小型铀矿1处、矿点3处，现以遂平小型铀矿为代表简介如下：

遂平小型铀矿(5)位于遂平县嵖岈山乡。

矿体产于下寒武统炭质粉砂岩中，属砂岩型矿床。

矿石的工业类型属铝硅酸岩类单铀型矿石(SiO_2 61%，Al_2O_3 13%)，铀元素以铀矿物(沥青铀矿、钙铀云母和含铀褐铁矿)呈吸附状态赋存。

矿床成因类型为沉积变质—淋滤富集型。

铀矿石主要为浅变质的炭质粉砂岩和构造角砾岩。试验表明，该矿石为易浸出矿石，具较好的工艺条件，是有利用价值的矿床，伴生元素镓可考虑综合利用。此矿床曾是河南省的主要铀矿之一，1985年4月停产闭坑。

其他铀矿化点特征见表4-1。

表 4-1　铀矿产一览表

图上编号	矿床（点）名称	位置	地质与矿产特征	成因	规模	研究程度	备注
6	袁庄铀矿化点	驿城区胡庙乡袁庄，东经 113°55′25″，北纬 32°53′52″	含矿岩系为辛集组，下部为灰黄色细粒石英砂岩，上部为灰绿色、黑色炭质含磷粉砂岩，产状 40°～50°∠30°～50°，区内有北东向、北西向两组断层。矿体呈囊状、团状及脉状。主要矿化层为角砾状磷块岩层，南北长 800 m，厚 0.2～0.5 m。铀含量部分达边界品位，属侵染矿石	沉积变质型	矿化点	矿点检查	不具工业意义
7	邢店铀矿化点	确山县瓦岗乡邢店，东经 113°52′55″，北纬 32°47′15″	含矿岩系为辛集组，岩性为灰色炭质片岩和石墨片岩。产状 190°∠50°。具褐铁矿化。矿体呈不规则团块状、透镜状。矿带长 800 余 m，宽 210 m，矿石具侵染状构造。含 U 0.01%～0.025%，最高 0.029%	沉积变质型	矿化点	矿点检查	矿石品位较低
8	张冲铀矿化点	确山县瓦岗乡张冲，东经 113°57′00″，北纬 32°44′55″	含矿岩系为辛集组，岩性主要为炭质片岩、含石墨炭质片岩、白云质灰岩。地层为一单斜层，走向北西，倾向南西，局部发育小褶曲，区内有 3 条断层。含矿带长 1 375 m，宽 1 300 m。含 U 0.008%～0.015%，平均 0.012 3%	沉积变质型	矿化点	矿点检查	矿石品位低，目前不具工业意义

第二节　金属矿产

一、铁

铁是地球上分布最广的金属之一，为银灰色的金属，是钢铁工业的基本原料，广泛应用于国民经济的各个部门和人民日常生活的各个方面（见图4-4）。铁矿石可冶炼成生铁、熟铁、铁合金、炭素钢、合金钢、特种钢等。

图4-4　铁矿石

驻马店市有铁矿产地39处，其中大型铁矿1处、中型铁矿1处、小型铁矿12处、铁矿点25处（部分勘查区未提交最终报告，我们暂时将这类资源地列为矿点）。泌阳是驻马店市的铁矿分布大县，计有产地24处，确山县12处，正阳县6处，新蔡县2处，遂平县2处，西平县1处，驿城区1处。这些铁矿按成因类型可分为硅卡岩型、沉积变质型、热液充填型及风化壳型四类。

（一）新蔡县练村—顿岗一带大型铁矿区(9)

矿区位于新蔡县练村—顿岗一带，勘查范围主要在新蔡县域内的前土楼、陈空、葛寨、刘营—黄庄、顿岗、练村集内，地理坐标：东经115°03′30″～115°10′45″，北纬32°29′00″～32°48′15″，面积约62.7 km^2。

钻探验证结果表明，矿区磁性异常为矿致异常。从目前的钻探情况来看，该矿体主要赋存于太古界太华群中，岩性为磁铁石榴斜长角闪片麻岩、含磁铁大理岩、磁铁石英岩等。从目前施工的钻孔来看，矿体埋深大于800～1 500 m，由多个矿体组成，最厚矿化体厚达192.81 m，但总体品位较低，全铁品位在20%～39.62%，磁铁最高仅有20.69%，且连续性较差。新探明的铁矿矿石类型为易选、需选的闪石型贫磁铁矿，成因类型属沉积变质型。

全区估算铁矿资源总量约6亿t，相当于全省已查明铁矿石资源储量的近1/5。

（二）条山中型铁矿(10)

矿区位于泌阳县马谷田镇东南6 km。地理坐标：东经113°30′27″，北纬32°27′13″。

条山矿区由北向南大致分 A、B 两个矿带，大小矿体 20 个。

矿石大致分为两类，即块状及浸染状磁铁矿矿石。区内矿石以块状为主，形成富铁矿体。矿石中伴生有赤铁矿、黄铁矿、黄铜矿、辉钼矿等。

该矿床于 1973 年经河南地质九队勘探，证实为以富矿为主的中等规模矿床。

矿床总储量（C+D 级）400.82 万 t。

目前矿山正在开采。根据现有资料及开采情况，该矿区外围具有较高的远景成矿条件，现河南省地勘局第一地质工程院正在该区域开展更高层次的勘查工作。

其余 37 个铁矿床（点）的基本情况见表 4-2。

表 4-2　铁矿产一览表

图上编号	矿床（点）名称	位置	地质与矿床特征	成因	规模	研究程度	备注
11	芦庄—团山铁矿	确山县西南 20 km 瓦岗乡团山一带，东经 113°46′33″~113°53′57″，北纬 32°41′00″~32°45′00″	成矿围岩为中元古界蓟县系汝阳群北大尖组地层，矿体明显受地层层位控制，总体呈北西—南东向展布，断续分布在长约 10.5 km、宽 2.5 km 范围内。分上、下两个含矿层，总厚 3.5~7.5 m，层位稳定。矿石品位 TFe 20%~45%	沉积变质型	小型，铁矿石资源量 155.5 万 t	详查	正在开采利用
12	红石崖铁矿点	遂平县嵖岈山红石崖	产于崔床组底部砂、页岩互层中，矿体出露断续长 1 200~1 700 m，产状 130°~170°∠20°~35°，呈似层状，最厚 0.8 m，矿物为赤铁矿、黄铁矿，平均品位 TFe 37.79%	沉积变质型	矿点，C 级 6.9 万 t	普查	已部分开采
13	二郎山锌铁矿点	遂平县杨丰乡田庄西	产于北大尖组的石灰岩与花岗岩接触带，矿体呈透镜状，长数至 90 m，厚 0.8~2 m，矿物成分主要为磁铁矿、赤铁矿、闪锌矿。品位：TFe 20%~30%，ZnO 0.36%~2.42%	硅卡岩型	矿点，铁 14.2 万 t，锌金属 2 136.1 t	详查	正在开采

续表 4-2

图上编号	矿床(点)名称	位置	地质与矿床特征	成因	规模	研究程度	备注
14	白坡铁矿点	泌阳县春水镇上曹村，东经 113°30′36″，北纬 33°07′30″	处于角子山花岗岩体西北缘，北侧地层为洛峪口组。矿层产状 130°～150°∠30°，长 500 m，厚 4.10 m。呈层状及似层状，矿物成分主要为赤铁矿；品位 TFe 8.5%～29.30%	沉积变质型	矿点	踏勘	不具工业意义
15	铁王庄铁矿点	泌阳县官庄乡铁王庄，东经 113°18′04″，北纬 32°55′04″	出露地层为条带状混合岩夹大理岩，产状 24°∠30°，矿体产于硅卡岩化大理岩中，宽 0.2～0.5 m，长一至数米。主要矿物为磁铁矿、赤铁矿、石榴石等、矿石品位：TFe 17.9%	硅卡岩型	矿点	普查	可进一步开展工作
16	老树山铁矿点	确山县朱古洞乡西南老树山，东经 113°56′30″，北纬 32°50′26″	区内出露地层为辛集组，岩性为铝质板岩和炭质板岩。铁矿化受北西向断层破碎带控制，矿体呈透镜状、囊状，一般长 5～60 m，厚 2～4 m，最大矿体长 120 m，厚 10 m，矿石矿物为赤铁矿、褐铁矿，脉石矿物为石英，TFe 20%～40%，一般为 30%	热液充填型	矿点	矿点检查	可供民采
17	下王田铁矿点	确山县竹沟镇下王田西南，东经 113°38′4″，北纬 32°48′58″	矿区位于盆庄断裂带上，断裂北侧为早元古代花岗岩，南侧为上元古界栾川群，磁铁石英岩产在盆庄断裂附近，受“片麻岩”捕体控制，含 TFe 28.5%～33.85%，地面 1:4 000 磁测认为异常埋深 430 m，厚约 47 m，水平延长 1 240 m	热液充填型	矿点	异常检查	可进一步开展工作

续表 4-2

图上编号	矿床（点）名称	位置	地质与矿床特征	成因	规模	研究程度	备注
18	毛芽沟小型铁矿	泌阳县铜山乡上部村毛芽沟，东经 113°31′15″～113°32′11″，北纬 32°47′30″～32°48′20″	地层为北大尖组，近矿围岩主要为石英岩及片岩、白云质大理岩透镜体，铁矿体共有 4 层，24 个矿体。其中可采矿体 12 个，最大矿体长约 160 m，厚 5.84 m，一般长 20～30 m。矿体斜深最大 52 m，最小 1.5 m，大部倾向西南，倾角 40°，矿石平均 TFe 42%以上，富矿 TFe 65.4%	沉积变质型	小型，C 级 3.13 万 t	详查	可供民采
19	蒸馍山铁矿点	确山县城南蒸馍山，东经 114°00′19″，北纬 32°47′48″	出露地层为辛集组，岩性为板岩、大理岩和石英岩。Ⅰ号矿带长 100 m，宽 2.5 m；Ⅱ号矿带长 240 m，宽 1～10 m，其中 1、2 号矿体规模最大，长分别为 40 m 和 65 m，厚一般为 5 m，TFe40%～50%，Mn 0.05%～0.7%，S 0.4%，P 0.69%	热液充填型	矿点	踏勘	可供民采
20	马楼铁矿点	确山县瓦岗乡马楼，东经 113°53′00″，北纬 32°44′30″	汝阳群北大尖组为含矿岩系，岩性为石英岩和含铁石英岩，含矿两层，长 1 500 m，单矿层厚度一般为 0.6 m 以下，最大厚度 1.2 m。矿石类型为含铁石英岩，矿石矿物为赤铁矿、镜铁矿，TFe 4.8%～52.64%	沉积变质型	地质储量 13.05 万 t，矿点	普查	厚度小
21	兰楼铁矿点	确山县任店镇西北兰楼，东经 113°56′28″，北纬 32°42′07″	含矿围岩为辛集组，岩性为蚀变大理岩、板岩。矿体呈透镜状，断续长 200 m，厚度 20 m，矿石具网格状、侵染状构造，金属矿物为赤铁矿，少量方铅矿、闪锌矿、黄铁矿，非金属矿物为方解石、石英。TFe 40%	热液充填型	矿点	矿点踏勘	可进一步开展工作

续表 4-2

图上编号	矿床（点）名称	位置	地质与矿床特征	成因	规模	研究程度	备注
22	西小坡铁矿点	确山县石滚河乡斩龙庙西小坡，东经 113°44′26″，北纬 32°42′49″	区内出露地层为熊耳群，有石英斑岩脉侵入，矿体位于石英斑岩脉上盘，并受北东向断裂控制。矿体剥土后可见宽度 1.16 m，长数米。矿石矿物为磁铁矿，少量钛铁矿，脉石矿物为黑云母、蛭石	热液充填型	矿点	矿点检查	无工业意义
23	二道沟铁矿点	确山县瓦岗乡南东二道沟，东经 113°53′17″，北纬 32°42′44″	矿体呈似层状产于北大尖组含铁石英岩中，长 150 m 以上，宽 2～5 m，TFe 58.12%、MnO 2.44%	沉积变质型	矿点	踏勘	可供民采
24	李岗铁矿点	确山县任店镇西南李岗，东经 113°56′00″，北纬 32°39′22″	含矿岩系为北大尖组，岩性为石英岩、云母片岩和含电气石钾长浅粒岩，矿体受北西向断层破碎带控制，长 250 m，厚 3～5 m，矿石矿物为赤铁矿和针铁矿。TFe 25%	沉积变质型	矿点	踏勘	可供民采
25	马道铁矿	泌阳县马谷田镇马道，东经 113°27′55″，北纬 32°38′42″	矿床位于秦岭造山带东段—桐柏—大别山成矿带内，成矿围岩为张家大庄岩组斜长角闪片岩或角闪岩、石英钠长斑岩的绿帘石榴硅卡岩中。共有 15 个矿体，呈透镜状，铁矿体均为小矿体，长 70～200 m 不等，水平宽 20～125 m，最厚 7.95 m。矿石品位：TFe 25.38%～41.25%	硅卡岩型	小型，储量 94.76 万 t	普查	正在开采

续表 4-2

图上编号	矿床（点）名称	位置	地质与矿床特征	成因	规模	研究程度	备注
26	大堰铁矿点	泌阳县马谷田镇大堰	为条山铁矿 B 矿带的西延部分，矿体产于斜长角闪片岩与均质混合岩的接触带。处于航磁 M95 异常中。共有 3 个矿体，长 20～100 m，厚 0.9～6 m，1 号矿体出露地表，2 号、3 号为隐伏矿体，矿石品位：TFe 30%～40%	硅卡岩型	矿点，储量 7 万 t	矿点检查	可供民采
27	坡头山铁矿	泌阳县马谷田镇坡头山，东经 113°32′37″，北纬 32°36′36″	矿体主要赋存在二郎坪群刘山岩组斜长角闪片岩或角闪岩的绿帘石榴硅卡岩中。矿体一般埋深 10～60 m，个别大于 180 m。矿石为块状，主要金属矿物为磁铁矿	硅卡岩型	小型，铁矿石资源量 42.44 万 t	普查	正在开采
28	大洪山铁矿点	泌阳县马谷田镇大洪山，东经 113°32′40″，北纬 32°35′50″	出露地层为刘山岩组，岩性为斜长角闪片岩夹大理岩透镜体。共见三条矿化矽卡岩，矿（化）体长 60～130 m、宽 1.5～10 m，形状为一囊状矿体，品位：TFe 22.1%～42.55%	硅卡岩型	矿点	矿点检查	可供民采
29	泌阳县李鼓台前铁矿	泌阳县城北 34 km 处黄山口乡，东经 113°16′45″～113°18′00″，北纬 33°01′30″～33°02′30″	矿体产于李鼓台独立单元中、细粒黑云母石英闪长岩中。共有 2 个矿体，矿体长 280～735 m，宽 54～76 m，品位：TFe 9.69%～10.35%	残积风化壳型	小型，（333）铁矿资源储量 107.86 万 t	普查	尚未开采

续表 4-2

图上编号	矿床（点）名称	位置	地质与矿床特征	成因	规模	研究程度	备注
30	泌阳县高邑—马谷田一带铁矿	泌阳县高邑乡与马谷田镇，北距泌阳县城 9 km，东经 113°27′00″~113°29′00″，北纬 32°41′45″~32°43′45″	地层为刘山岩组，岩性为斜长角闪片岩夹大理岩透镜体，围岩蚀变主要为硅卡岩化，矿石为块状，主要金属矿物为磁铁矿	沉积变质型	小型	详查	工业意义不大
31	泌阳县桐树庄铁矿	泌阳县马谷田镇，东经 113°24′13″~113°25′49″，北纬 32°36′13″~32°37′30″	矿床地层为二郎坪群大栗树组，矿体分布于泌阳堡子—桐柏毛集一带的堡子复式向斜的南翼，共由 5 个矿体组成，矿体以似层状、透镜状为主，其次为串株状和不规则状。矿体长 95~320 m，宽 20~125 m。品位：TFe 20.0%~51.95%	硅卡岩型	小型，保有铁矿石资源储量（333）22.73 万 t	普查	现已开采
32	驿城区老虎山铁矿	驿城区老虎山一带，西距瓦岗乡约 10 km，东距确山县约 8 km，东经 113°55′45″~113°57′00″，北纬 32°49′45″~32°51′00″	矿体赋存于 F2 构造带中，长度 520 m，厚 1.60~2.68 m，呈 S 形，品位：TFe 27.87%~32.04%	构造热液型	小型，矿石储量 56 万 t	详查	应进一步开展工作
33	泌阳县沙河店铁矿	泌阳县沙河店，遂平泌阳交界处，东经 113°39′00″~113°40′24″，北纬 33°05′45″~33°06′15″	本区铁矿赋存于辉长岩岩体内，根据工程揭露，区内共发现 2 处矿体。长 200~250 m，宽 90~120 m。品位：TFe 19.16%~25.87%	硅卡岩型	小型，铁矿资源储量（111b）88.49 万 t	普查	已开采

续表 4-2

图上编号	矿床（点）名称	位置	地质与矿床特征	成因	规模	研究程度	备注
34	泌阳县高庄铁矿	泌阳县城北东60 km，东经113°23′30″~113°25′30″，北纬33°03′00″~33°03′30″	位于加里东期侵入的含磁铁矿闪长岩中，共2个矿体，长度均可达550 m。品位：TFe 11.2%~117.5%	风化壳型	小型，(111b)+(332)+(333)矿石量207.54万t	详查	可开采
35	泌阳县小赵岗铁矿	泌阳县北约20 km的泰山庙乡境内，东经113°12′00″~113°13′45″，北纬32°51′30″~32°52′30″	发现了矿区内中—西南部的主干磁异常区带、中—北东部独立磁异常；钻探验证揭示中—西南部的主干磁异常区带中心为含磁铁矿辉长岩、闪长岩体所引起，品位：TFe 0.90%~8.50%	硅卡岩型	矿点	普查	应进一步开展工作
36	确山县三里庄地区铁矿	确山县三里庄—潘庄一带，东经114°02′30″~114°05′45″，北纬32°35′15″~32°36′15″	分布了一个椭圆状的封闭磁异常，异常展布方向较规律，为近东西向，异常极大值为200 nT。初步推测磁异常由岩体所致，埋深400 m左右，TFe 20.4%~26.85%	热液变质型	矿点	普查	应进一步开展工作
37	确山县杨店—正阳县上孙楼地区铁矿	确山县杨店—正阳县上孙楼一带，东经114°10′15″~114°13′15″，北纬32°30′45″~32°31′45″	异常长轴呈东西方向延伸，平面形态呈似椭圆状，异常面积约5.6 km^2，极大值为200 nT，曲线圆滑规则，基本对称，南略陡、北略缓，北侧伴有弱的负值（$\Delta Z_{min}=-20$ nT）。零等值线自行封闭	热液变质型	矿点	普查	应进一步开展工作

续表 4-2

图上编号	矿床(点)名称	位置	地质与矿床特征	成因	规模	研究程度	备注
38	确山县周庄地区铁矿	确山县周庄—潘庄一带，东经 114°07′00″~114°11′00″，北纬 32°33′45″~32°35′15″	异常长轴呈东西方向延伸，平面形态呈似椭圆状，异常面积约 3.0 km²，极大值为 200 nT，曲线圆滑规则，基本对称，南略陡、北略缓，北侧伴有弱的负值($\Delta Z_{min}=-59$ nT)。零等值线自行封闭	热液变质型	矿点	普查	应进一步开展工作
39	正阳县小陈寨铁矿	正阳县城东北部与东南部，直线距离县城约 4 km，东经 114°23′00″~114°29′00″，北纬 32°37′30″~32°39′30″	磁性体的大小沿走向有一定变化，埋藏较深，除主要磁性体外还有一些较小磁性体，走向与主要磁性体大致平行，中间有一定距离。其中引起西部异常的主要磁性体规模较大，另在北侧有一个大致平行的磁性体，相距约 2 km；引起中部异常和东部异常的主要磁性体应属一个层位的地质体，沿走向局部变小，另在中部异常南侧有一个较小磁性体，大致平行，相距约 2.5 km	风化壳型	矿点	普查	应进一步开展工作

续表 4-2

图上编号	矿床(点)名称	位置	地质与矿床特征	成因	规模	研究程度	备注
40	正阳县熊楼铁矿	正阳县铜钟镇—熊楼村附近,东距息县城约 12 km,东经 114°35′00″~114°36′30″,北纬 32°22′30″~32°23′30″	矿体走向近东西展布,长约 2 km,大致埋深 500 m	沉积变质型	矿点	普查	应进一步开展工作
41	正阳县张寨铁矿	正阳县城东北部与东南部,直线距离县城约 14 km,东经 114°31′30″~114°38′00″,北纬 32°33′30″~32°36′30″	异常走向北西—南东方向,异常等值线南侧较缓,北侧较陡。由于异常条带中心在 710 线附近出现错动,推测存在一个南北向断层(F3),由于异常沿走向连续性好,变化不大,推测主要磁性体沿走向规则连续,斜交磁性体的构造不发育	沉积变质型	矿点	普查	应进一步开展工作
42	正阳县吴庄矿区铁矿	正阳县南部,北距正阳县城 20 km,东经 114°18′00″~114°19′30″,北纬 32°33′00″~32°34′30″	区内异常由南、北两部分组成,各以 900 nT 等值线自行封闭,形态均为椭圆状,长短轴之比都在 2:1左右。北部异常走向近于北西走向,南部异常走向近于东西走向。异常以 600 nT 等值线封闭,它的特征是:形态规则,异常宽缓,梯度小,具有局部异常与大面积区域磁场叠加的特征。该地质体埋深 600 余 m,规模较大,沿走向长度大于 1 000 m,沿倾向延深长度未控制。磁性较强,具有矿致异常的特征	沉积变质型	矿点	普查	应进一步开展工作

续表 4-2

图上编号	矿床(点)名称	位置	地质与矿床特征	成因	规模	研究程度	备注
43	正阳县黄庄矿区铁矿	正阳县南部，北距正阳县城 20 km，东经 114°29′15″~114°31′30″，北纬 32°26′45″~32°28′45″	该地质体埋深 600 余 m，规模较大，沿走向长度大于 1 000 m	沉积变质型	矿点	普查	应进一步开展工作
44	泌阳县私银沟铁矿	泌阳县城东南，距泌阳县城约 20 km，东经 113°31′00″~113°32′45″，北纬 32°36′00″~32°37′00″	区内共有 5 个铁矿(化)体，最长达 420 m。品位：TFe 10.12%~18.0%	硅卡岩型	小型，(332)+(333)铁矿石资源储量 58.86 万 t。其中(332)铁矿石量 23.42 万 t、(333)铁矿石量 35.44 万 t	详查	正在开采
45	河南省西平县吴庄—舞钢市铁矿	西平县吕店乡吴庄村一带，东经 113°35′27″~113°37′27″，北纬 33°15′45″~33°16′15″	西部异常的磁性体呈厚板状，规模较大，最浅处约 1 050 m，最深处超过 2 000 m。中部和东部异常的磁性体埋藏更深，被后期北西—南东向和北东—南西向两个方向的断层分割成数块。吴庄测区地下构造较发育，造成磁性体实际赋存状态复杂	沉积变质型	矿点	普查	应进一步开展工作

续表 4-2

图上编号	矿床(点)名称	位置	地质与矿床特征	成因	规模	研究程度	备注
46	河南省正阳县大陈庄铁矿	正阳县老店乡，东经 114°17′12″~114°21′42″，北纬 32°25′15″~32°26′45″	异常位于大肖庄一带，平面图上异常呈椭圆状，基本上呈近东西向展布，向西至区外似有小的分枝现象。从西向东由窄变宽，由强变弱。长轴长 2 300 m，短轴长 1 200 m 左右，强度在 500~550 nT，极大值 610 nT，异常等值线南密北疏，两侧基本对称，属低缓异常。剖面图上异常中心附近曲线基本对称	沉积变质型	矿点	普查	应进一步开展工作
47	河南省新蔡县何坞一带铁矿	新蔡县何坞乡，东经 114°48′12″~114°57′57″，北纬 32°41′30″~32°44′45″	矿(化)体产于未分寒武系至奥陶系灰岩与斜长角闪片岩的接触带中，层位稳定，厚度 16.81 m，产状与围岩一致，呈似层状分布。矿(化)体埋深 300 m 左右，规模尚未控制。品位：TFe 39.7%~56.8%，软锰矿型矿石含量 Mn 6.88%~39.93%	热液变质型	小型	详查	应进一步开展工作

二、锰、铁锰

锰是银白色脆性金属(见图 4-5)，比重 7.3，锰不能单独构成结构材料使用，主要用于冶金工业，特别是钢铁生产中。加入锰可增加钢材的强度、硬度、耐磨性、韧性、可淬性。另外，在陶瓷、玻璃、化工等方面也有广泛的用途。

驻马店市有锰矿化点 3 处，均分布于泌阳县；小型铁锰矿床 1 处，分布于确山县。

(一)锰矿

下尖山林锰矿化点(48)位于泌阳县马谷田镇下尖山。

锰矿化有一定层位,含矿层系可分上、下两个含锰层。下含锰层为铁锰质石英岩夹白云石英片岩及薄层石英岩;上含锰层为含铁锰石英岩及锰矿层。矿体最大厚度为85 cm,长约20余m,断续长达40余m。

矿石为致密块状或条带状(见图4-5)。矿物成分:金属矿物以硬锰矿为主,软锰矿和水锰矿次之;脉石矿物主要为石英。矿石化学分析结果:MnO_2 32.78%,TFe 6.40,SFe 5.00%。

图4-5　锰矿石

该锰矿化点属于沉积变质热液富集型。由于规模小,目前暂未开采利用。

其余锰矿化点基本情况见表4-3。

表4-3　锰矿产一览表

图上编号	矿床(点)名称	位置	地质与矿床特征	成因	规模	研究程度	备注
49	汪庄北锰矿化点	泌阳县马谷田镇汪庄北,东经113°31′21″,北纬32°42′15″	矿体产于铜山花岗岩体外接触带200~250 m处,含矿围岩为左老庄组底部含锰条带石英岩。矿体呈条带状夹于石英岩之中,矿石呈条带状构造,主要由软锰矿、硬锰矿组成。Mn>10%,氧化带形成锰帽	沉积变质型	矿化点	踏勘	工业暂不能利用
50	刘庄北锰矿化点	泌阳县马谷田镇刘庄北,东经113°32′04″,北纬32°41′12″	矿体产于花岗岩体外接触带左老庄组围岩中,含锰石英岩中锰矿条带长约几厘米,长者达十几厘米,矿物成分为软锰矿,Mn>10%	沉积变质型	矿化点	踏勘	工业暂不能利用

(二)铁锰矿

南庄小型铁锰矿(51)位于确山县新安店镇镇南庄。地理坐标:东经113°58′11″,北纬32°35′28″。这是驻马店市发现的唯一小型铁锰矿床。

矿体产于条带状大理岩和斜长角闪岩的接触带中,受断裂构造带控制。围岩具硅化、绿帘石化和碳酸盐化。区内共圈出6个矿体,矿体呈似层状、透镜状。锰矿体呈藕状,长150 m,延深50 m,厚0.35~4 m。

矿石品位:磁铁矿型矿石含TFe 32.4%~52%;条带状石英磁铁矿型矿石含TFe 15%,最高20%;软锰矿型矿石含Mn 5.82%~26.93%。

矿床属热液成因。1960年河南地质局豫11队做过补充勘查工作,探明铁锰储量(C1+C2级)21.283万t。属小型矿床,可供民采。

三、铬铁矿、钛铁矿

铬是银白色金属,主要以铬铁形式用于冶金工业生产不锈钢及各种合金钢。可增强钢的强度、耐磨性、防蚀性及在高、低温下的抗氧化能力。金属铬用于钢制品镀铬,氧化铬用作耐热的涂料和磨料、玻璃、陶瓷的着色剂。铬的放射性同位素已在医学上得到应用。

钛是银白色金属。由于钛和钛合金具有质量轻、强度高、抗蚀性好、耐高温、耐超低温等特点,因而在宇航、航空、舰船、化工、电力、海水淡化、轻工、食品等领域有着广泛的用途。目前钛矿原料90%用来制造钛白。主要含钛矿物金红石还是优质电焊条涂层不可缺少的原料。

驻马店市有铬铁矿点4处,均分布于泌阳县;钛铁矿化点2处,均分布于确山县。

(一)铬铁矿(见图4-6)

4个铬铁矿点为碾盘山铬铁矿点(52)、薛头湾铬铁矿点(53)、大尖山铬铁矿点(54)和肖庄铬铁矿点(55),均位于泌阳县黑山—歪头山一带,由于它们相距较近并受成矿专属性的限制,产出的地质、矿床特征大致相同,故一并介绍如下:

图4-6　铬铁矿石

铬铁矿体和超基性岩体产于条带状混合岩中,部分产于斜长角闪岩、斜长角闪片岩中。矿体严格受断裂控制,呈群集中,呈线状分布。矿带长150 m,宽1~4 m,矿体与围岩界线清楚。矿体形态呈透镜状、不规则状。矿石以稠密浸染状构造为主。少量为块状和稀疏浸染状。铬尖晶石以自形-半自形为主。脉石矿物为含铬金云母。矿石品位：致密块状矿石为 Cr_2O_3 43.76%，浸染状矿石为 Cr_2O_3 12.61%～34.30%，超基性岩体及矿体普遍遭受混合岩化。

该区蚀变后的超基性岩 MgO/FeO 为 2～25，属铁质超基性岩，不易形成较大的铬铁矿床。矿床成因属受变质的晚期岩浆贯入矿床。矿石质量好，但规模小。

（二）钛铁矿

驻马店市钛铁矿点 2 处，皆分布于确山县任店镇境内，属热液充填成因。

1. 马尾山钛铁矿化点（56）

马尾山钛铁矿化点（56）位于确山县任店镇马尾山，地理坐标：东经 113°59′00″，北纬 32°38′36″。

含矿围岩为中元古界汝阳群白草坪组顶部的石英岩。矿化带受北西—南东向断层控制，长数米至数十米，宽 1～2 m，呈不规则状沿层间破碎带展布。矿石矿物主要为含钛镜铁矿，矿石品位低，且分布不均，可进一步开展工作。

2. 阎庄钛矿化点（57）

阎庄钛矿化点位于确山县任店镇阎庄，地理坐标：东经 113°58′22″，北纬 32°37′21″。

含矿石英脉沿片理和裂隙充填，具分枝复合、膨缩和尖灭再现等特点。单脉长 5～10 m，最长 122 m，宽 10～30 cm，最宽达 1 m，矿石矿物为板钛矿，呈集合体产出，含量 10%～20%，最高为 40%。脉石矿物为石英。

该点仅做过踏勘检查，工作程度较低，应进一步开展工作。

四、金红石

金红石（见图 4-7）就是较纯的二氧化钛，一般二氧化钛含量在 95%以上，是提炼钛的重要矿物原料，但在地壳中储量较少。它具有耐高温、耐低温、耐腐蚀、高强度、小比重等优异性能，被广泛用于军工航空、航天、航海、机械、化工、海水淡化等方面。金红石本身是高档电焊条必须的原料之一，也是生产金红石型钛白粉的最佳原料。

图 4-7　金红石

驻马店市有超大型金红石矿 1 处，即羊册金红石矿，矿区位于驻马店市泌阳县羊册。矿床东起羊册，西至南召县云阳镇，地理坐标：东经 112°41′～113°15′，北纬 33°00′～33°28′。

矿带分布长约 65 km，宽约 8 km，金红石含量 1.5%~2.8%，最高达 4%，现已进行地质普查工作的面积 160 km^2，进行地质详查工作的面积 30 km^2。详查地质工作区内矿体特征如下：矿体分布在左老庄组第二岩性段近上部斜长角闪片岩地层中，主要受地层控制，走向 290°~320°，倾向南西，倾角 60°~80°。在姚庄一带矿区范围内共发现大小矿体 17 个，长度一般在 1 000~2 350 m，厚度多在 15 m 以内。Ti-1 号矿体出露长 5 400 余 m，工程控制 4 000 m，矿体厚度 35.21~116.44 m，平均 71.24 m。地质普查探明金红石矿 $RTiO_2$ 资源量 333 级 41.09 万 t、334_1 级 31.73 万 t，合计 72.82 万 t。矿带 334_2 级 401.04 万 t。全区远景储量 2 892.37 万 t，是目前我国发现的最大金红石矿。

五、铜

铜是一种紫红色金属（见图 4-8），延展性和导热性强，导电性高。主要用于制作电线、电缆、电机设备、枪弹，铜的化合物在农业上用来做杀虫剂和除草剂，铜还是制造防腐油漆的主要成分。

图 4-8 铜矿石

驻马店区内已知铜矿点、矿化点 17 处，其中泌阳县 14 处、确山县 3 处。各铜矿点、矿化点情况见表 4-4。

表 4-4 铜矿产一览表

图上编号	矿床（点）名称	位置	地质与矿床特征	成因	规模	研究程度	备注
58	堡洼铜矿点	泌阳县马谷田镇堡洼村北，东经 113°30′58″，北纬 32°39′23″	矿化发育于黄岗—王岗杂岩带的变辉石闪长岩中，矿体呈似脉状、扁豆状沿北东向张扭性断裂分布。单个矿体长 30~40 m，厚 0.5~1.5 m，向南西有倾伏现象。矿石平均品位 Cu 3.35%，伴生有益组分 Au、Ag、Pb、Zn 等均有富集现象，但都达不到工业品位	岩浆期后热液型	矿点	矿点检查	前人零星开采

续表 4-4

图上编号	矿床（点）名称	位置	地质与矿床特征	成因	规模	研究程度	备注
59	杏树岭铜矿化点	确山县竹沟镇西王楼杏树岭，东经 113°38′25″，北纬 32°47′33″	矿化点附近出露底层为上元古界栾川群。岩性为斜长角闪片岩、条带状大理岩、白云岩。矿化带断续长 400 m，宽 1~2 m，最宽 20 m。矿石品位 Cu 0.5%、Pb 0.002%、Zn 0.2%、W>0.1%、Ag 30×10^{-6}、Au<10×10^{-6}	热液充填型	矿化点	矿点检查	应进一步加强工作
60	老虎头寨铜矿化点	确山县竹沟镇新庄村老虎头寨，东经 113°39′43″，北纬 32°46′26″	矿化点处于栾川群地层中。岩性主要为白云片岩、斜长角闪片岩、角砾状白云岩、大理岩等，产状 95°∠36°。铜矿化带受近南北向张性断裂控制，长百余米内见 6 处铜矿化，地表见一小矿体，长 1 m，宽 0.8 m，矿石具它形粒状结构，块状构造，矿石矿物为自然铜、孔雀石。矿石品位 Cu 1.95%、Pb 0.03%、Zn 0.01%、Ag 50×10^{-6}	热液充填型	矿化点	踏勘	应进一步加强工作
61	赵楼铜（铁）矿点	泌阳县马谷田镇赵楼，东经 113°27′55″，北纬 32°41′40″	出露地层为宽坪群，岩性为片麻岩类和角闪斜长片岩、角闪岩、夹大理岩、云英片岩透镜体。矿体赋存于细粒辉长岩中，长 60 m，斜宽 50 m，厚 5.25 m，矿石为含铜磁铁矿矿石，多呈半自形—它形不等粒结构，细脉浸染状构造。矿石矿物为磁铁矿、黄铜矿等。矿石化学成分：TFe 42.45%、Cu 1.29%、S 20.3%	热液型	矿点储量铁矿 4.8 万 t，铜金属量 624 t	异常查证	部分已开采

续表 4-4

图上编号	矿床(点)名称	位置	地质与矿床特征	成因	规模	研究程度	备注
62	米庄铜矿点	泌阳县马谷田米庄，东经 113°32′04″，北纬 32°38′59″	矿体产于黄岗一王岗杂岩带的闪长岩体中，东北向小断裂可见到褐铁矿化、绿泥石化、硅化等。矿体呈似脉状沿断裂构造的裂隙分布。矿体断续长 80 m，宽 0.5～1.2 m，产状与断裂一致，呈北东南西向，倾向东南，倾角 65°～80°。主要矿物为铜蓝、孔雀石等。Cu 3.5%，并伴生 Ag、Pb、Zn 等	岩浆期后热液型	矿点	矿点检查	现已开采
63	北岗铜矿点	泌阳县马谷田镇北岗，东经 113°32′02″，北纬 32°38′00″	矿体产于黄岗—王岗杂岩带的闪长岩体中。矿体呈似脉状、扁豆状产出，长约 3 m，宽 0.45 m，呈北西—南东向延伸，矿石为块状、侵染状构造。主要金属矿物为斑铜矿、铜蓝、孔雀石，拣块品位 Cu 34.24%～34.96%，Ag 113～139 g/t	岩浆期后热液型	矿点	踏勘	部分已开采
64	栗子湾铜矿点	泌阳县马谷田镇栗子湾，东经 113°28′03″，北纬 32°36′24″	地层为大栗树组变中—基性火山岩、火山碎屑岩，铜矿化带赋存在桃园侵入体外接触带。矿化带呈北东 60°方向展布，长 1 000 m，共有 3 个铜矿体。一号矿体长 50 m，厚 0.85 m，产状 34°∠45°，品位 Cu 0.14%～1.05%；二号矿体长 240 m，厚 0.5～2.5 m，矿石品位：Cu 0.26%～1.80%；三号矿体长 100 m，厚 1.03 m，矿石品位 Cu 0.26%～1%	热液型	矿点	矿点检查	部分已开采

续表 4-4

图上编号	矿床（点）名称	位置	地质与矿床特征	成因	规模	研究程度	备注
65	西窑铜矿化点	泌阳县马谷田镇大磨西窑南，东经 113°19′02″，北纬 32°36′03″	矿化点处于潘庄断裂西端，产于大栗树组变质细碧岩中。地表两类矿化：①褐色、红褐色铁帽长 2～3 m，宽 0.2～0.3 m；②含铜石英脉长 0.2～1.0 m 不等，宽仅 0.01～0.05 m。矿物成分为黄铁矿、黄铜矿、孔雀石等	火山热液型	矿化点	踏勘	无工业意义
66	羊圈铜矿化点	泌阳县马谷田镇大磨村羊圈，东经 113°19′32″，北纬 32°36′00″	分布于大栗树组中部变质火山岩中，沿潘庄断裂分布。含矿硅化带宽 10～30 m，断续长 350 m，含铜铁帽及含铜石英脉呈小条带分布于蚀变构造带中。主要矿物为孔雀石、蓝铜矿、镜铁矿、褐铁矿、黄铜矿等。品位：Cu 16.68%，Ag 212 g/t，Au 0.08 g/t	海相火热液型	矿化点	详查	应进一步开展工作
67	黑山沟铜矿化点	泌阳县马谷田镇姜庄黑山沟，东经 113°18′45″，北纬 32°35′30″	矿化点产于刘山岩组的透闪阳起角斑岩中，矿化地段岩石破碎，片理化，并有硅化、黄铁矿化、铅矾等蚀变，岩层倾向 25°～35°，倾角 50°～70°。矿化带为一条铁帽，长 80 m，宽 1～2 m，经光谱分析：Cu 0.05%，Pb 0.007%，Zn 0.1%，Ag 0.005%	火山热液型	矿化点	踏勘	不具工业意义

续表 4-4

图上编号	矿床（点）名称	位置	地质与矿床特征	成因	规模	研究程度	备注
68	潘庄铜矿化点	泌阳县马谷田镇大磨潘庄，东经 113°20′35″	处于潘庄断裂上，围岩为大栗树组斜长角闪片麻岩。含铜石英脉沿断裂破碎带充填，脉长 20 m，宽小于 1 m，产状 195° ∠72°，石英脉中可观察到黄铁矿、黄铜矿散布，含量 1%～2%	海相火山热液型	矿化点	踏勘	无工业意义
69	河西铜矿化点	泌阳县马谷田镇大磨张庄南河西，东经 113°21′10″，北纬 32°35′12″	矿化点处于潘庄断裂上，地层为大栗树组，岩性为斜长角闪片麻岩，倾向西南，倾角 75°。矿化有两种：①石榴绿帘石岩中富含孔雀石，品位 Cu 3.96%，Pb 0.75%；②含铜石英脉，长 60 m，宽 0.1～0.4 m，Cu 0.7%	海相火山热液型	矿化点	踏勘	无工业意义
70	万花沟铜矿化点	泌阳县马谷田镇大磨大张庄南东，东经 113°21′45″，北纬 32°34′55″	位于潘庄断裂东端，产于大栗树组北部混合岩化斜长角闪岩、片麻岩和角闪片岩中。含铜石英脉宽 0.1～0.15 m，长度不详，金属矿物占 3%～8%，主要为黄铁矿、黄铜矿、蓝铜矿、针铁矿，脉石矿物为绢云母、脉石英等	海相火山热液型	矿化点	踏勘	无工业意义

续表 4-4

图上编号	矿床（点）名称	位置	地质与矿床特征	成因	规模	研究程度	备注
71	彭老家铜矿化点	泌阳县马谷田镇彭老家庄	出露地层为张家大庄组的变粒岩、斜长角闪片岩夹大理岩透镜体； 矿体呈透镜状产于变粒岩中，宽 0.8～1.2 m，产状 20°∠58°，矿石为细脉浸染状构造，主要金属矿物有铜蓝、孔雀石、赤铁矿等，品位：Cu 1.25%，Pb 0.03%，Zn 0.03%，Ag 30 g/t，Au 0.08 g/t	海相火山热液型	矿化点	踏勘	无工业意义
72	泌阳县段庄矿区铜矿	泌阳县县城南东，直线距离约 11 km，东经 113°19′00″～113°21′00″，北纬 32°35′30″～32°36′00″	铜银矿脉位于矿区中西部糜棱岩带内，围岩为下古生界大栗树组（Pz_1d）细碧岩夹石英角斑岩、透闪—阳起石角斑岩。北西西向断裂构造控制了矿化带和铜矿体。矿化体呈不规则脉状，具有膨胀收缩、分枝复合等特征。长约 600 m，宽 0.4～3.40 m。经化验 Cu 品位 0.11%～3.69%，局部伴生银矿，Ag 品位 51.8 g/t。见黄铜矿化、兰铜矿化、黄铁矿化、孔雀石矿化；具高岭土化、绿泥石化、硅化蚀变	海相火山热液型	矿点	普查	应进一步加强工作

续表 4-4

图上编号	矿床(点)名称	位置	地质与矿床特征	成因	规模	研究程度	备注
73	泌阳县堡子铜矿	泌阳县马谷田镇堡子一带，距泌阳县城 29 km，东经 113°30′15″~113°33′00″，北纬 32°39′00″~32°39′45″	矿(化)体主要分布在普查区中部 F1 构造带中，拣块样品位为 0.5%~1.1%，矿(化)体呈脉状产出，北西—南东走向，倾向南西，倾角 61°。地表出露长约 900 m，厚度一般为 1 m，最厚 2 m，最薄 0.2 m。矿石呈浸染状、细脉状构造。矿石矿物主要为黄铁矿、黄铜矿，有少量方铅矿，脉石矿物主要为石英及白云母，围岩蚀变主要为硅化、黄铁矿化、绢云母化	海相火山热液型	矿化点	普查	应进一步加强工作
74	确山县大徐庄铜多金属矿	确山县新安店镇，北距确山县城约 25 km，东经 114°05′00″~114°07′00″，北纬 32°33′45″~32°35′00″	区内存在一个呈层状、似层状产出的以铜为主的伴生铅的多金属矿体。矿体产于断裂破碎带内，走向南东 10°~13°，倾向南西 195°~206°，倾角 56°~62°。矿体厚度 15.26~19.23 m，矿石品位：Cu 0.89%~1.26%，Pb 1.18%~2.27%		矿点，铜(333)+(334)资源量 3.2 万 t，伴生铅金属资源量 1.1 t	详查	应进一步加强工作

六、铜锌矿

锌是一种蓝白色的金属，铜锌合金即白铜，用以制造航空仪的弹性元件。驻马店市铜锌矿产地有 2 处，均属矿点，分布于泌阳县境内。

(一)私银沟铜锌矿点(75)

私银沟铜锌矿点(75)位于泌阳县马谷田镇私银沟，地理坐标：东经

113°32′00″,北纬 32°36′36″。矿区出露地层为下古生界刘山岩组,岩性为斜长角闪片岩、浅粒岩。

矿化带有 2 条,南矿化带以铜为主,断续长约 340 m,厚 0. 3～0. 77 m,斜深 76 m。由浅到深,厚度变薄,品位变贫。矿物组合以孔雀石为主,次为黄铜矿、闪锌矿、黄铁矿等。含铜 0. 5%～0. 75%。北矿化带以锌为主,断续长 450 m,视厚度 7. 25 m,沿倾向斜深约 10 m 即尖灭,为受裂隙控制的脉状矿体。矿物成分以闪锌矿为主,次为黄铜矿、黄铁矿。锌品位 1%～0. 78%。

矿床成因为热液型,现为断续民采点。

(二)方老庄铜锌矿点(76)

方老庄铜锌矿点(76)位于泌阳县马谷田镇方老庄一带,地理坐标:东经 113°20′10″,北纬 32°34′54″。

分布地层为下古生界张家大庄组,岩性为中基性—酸性变质火山岩。

矿化带产于方老庄—老龙顶挤压带中,带长 1 800 m,宽 50～70 m,分东、西两个矿段。东矿段长 400 m,连续性较好;西矿段长 700 m。

在矿区范围内,对东西两个矿段 4 条矿化带地表进行了较系统的工程揭露,对深部进行了适当验证,所圈出的矿体规模都较小,均呈脉状和透镜状,变化大,单个矿体一般长 1～10 m,且品位变化也不稳定。

矿石类型地表为铁帽,地下为浸染状和块状矿石。矿物成分为黄铁矿、闪锌矿、黄铜矿、方铅矿、铜蓝、斑铜矿、辉铜矿等。

该矿点现已小规模民采。

七、铅、铅锌矿

铅是蓝灰色金属,性柔软,是所有金属中最软的重金属。铅广泛应用于各种工业,如做蓄电池、铅板衬里、保险丝、印刷活字等。铅能吸收放射线,可用于原子工业和 X 射线防护设施。

驻马店市铅锌矿产地 3 处,其中矿点 2 处、矿化点 1 处,均分布于确山县;铅矿产地 5 处,其中西平县 1 处、泌阳县 4 处。各铅、铅锌矿(化)点的基本情况见表 4-5。

八、多金属

驻马店市有多金属矿化点 5 处,其中确山县 3 处、泌阳县 2 处,各多金属矿化点的基本情况见表 4-6。

表 4-5　铅、锌矿产一览表

图上编号	矿床（点）名称	位置	地质与矿床特征	成因	规模	研究程度	备注
77	盆庄铅锌矿点	确山县竹沟镇西王楼村盆庄，东经 113°39′49″，北纬 32°48′17″	矿区位于盆庄断裂带上，断裂北侧为早元古代花岗岩，南侧为栾川群。矿化体产于花岗岩与栾川群的接触带中，蚀变大理岩、白云质大理岩为其含矿围岩；地表有网脉状矿化，铁帽中有铅、锌矿物，石英、方解石和白云石为其脉石矿物，铁帽转石见有孔雀石化	中低温热液型	矿点	矿点检查	现已基本采空
78	木庄铅锌矿化点	确山县竹沟镇木庄西北，东经 113°38′10″，北纬 32°48′54″	矿区位于盆庄断裂带上，断裂北侧为早元古代花岗岩，南侧为栾川群。矿化体产于花岗岩与栾川群的接触带中，蚀变大理岩、白云质大理岩为其含矿围岩；地表有网脉状矿化，铁帽中有铅、锌矿物，石英、方解石和白云石为其脉石矿物、铁帽转石见有孔雀石化	中低温热液型	矿化点	踏勘	成矿条件与盆庄铅锌矿点相同，应进一步开展工作
79	玉皇顶铅锌矿点	确山县竹沟镇西王楼村玉皇顶，东经 113°58′53″，北纬 32°48′33″	矿区位于盆庄断裂带南侧，区内出露栾川群，有石英斑岩脉侵入。矿体长 60 m，厚 4 m，呈透镜状，顶板为石英岩，底板为白云石英片岩，地表矿体已氧化成铁帽，原生矿石品位：Pb 13.1%，Zn 9.15%，Ag 76.53×10^{-6}，铁帽品位 Pb 1.92%，Zn 3.75%，Ag 1.54×10^{-4}	中低温热液型	矿点	矿点检查	现已基本采完

续表 4-5

图上编号	矿床(点)名称	位置	地质与矿床特征	成因	规模	研究程度	备注
80	李园沟铅矿点	西平县酒店乡李园沟村，东经 113°36′27″~113°37′57″，北纬 33°12′53″~33°13′00″	矿体长约 600 m，厚 3 m。呈透镜状，顶、底板均为石英岩	中低温热液型	矿点	普查	应进一步开展工作
81	前莱园铅矿点	泌阳县黄山口乡，东经 113°11′47″，北纬 33°04′15″	矿脉赋存于下古生界二郎坪群大栗树组斜长角闪片岩、角闪片岩中，受构造控制	中低温热液型	矿点	普查	应进一步开展工作
82	石门山铅矿点	泌阳县马谷田镇石门山，东经 113°23′57″，北纬 32°38′00″	矿脉赋存于下古生界二郎坪群大栗树组斜长角闪片岩、角闪片岩中，受构造控制。刻槽取样铅品位 0.50%~3.02%	中低温热液型	矿点	普查	应进一步开展工作
83	夏庄铅矿点	河南省驻马店市泌阳县铜山乡夏庄，东经 113°35′57″，北纬 32°45′00″	在矿区发现 1 条矿体，矿体产在中元古界刘庄组中的断裂破碎带中，槽探工程控制矿体总体走向 40°~50°，倾向 130°~140°，倾角 47°~53°。矿体断续出露长约 460 m，最薄 0.5 m，最厚 2.22 m，一般 0.8~1.7 m，平均 1.39 m	中低温热液型	矿点	详查	应进一步开展工作
84	冯岗铅矿点	泌阳县铜山乡冯岗，东经 113°36′57″，北纬 32°46′00″	在矿区发现 1 条矿体。矿体产在中元古界银洞沟组一段、二段之间的断裂破碎带中，槽探工程控制矿体总体走向 340°~350°，倾向 160°~170°，倾角 45°~55°。矿体断续出露长约 360 m，最薄 2.5 m，最厚 3.15 m，一般 2~3 m，平均 2.49 m	中低温热液型	矿点	普查	应进一步开展工作

表 4-6　多金属矿产一览表

图上编号	矿床（点）名称	位置	地质与矿床特征	成因	规模	研究程度	备注
85	尖山多金属矿化点	确山县石滚河乡尖山东北，东经 113°43′04″，北纬 32°43′16″	栾川群白云岩及条带白云岩为含矿围岩，并发生硅化、碳酸盐化、重晶石化、黄钾铁矾化蚀变；多金属铁帽呈脉状、网脉状。矿石品位：Pb 0.003%，Zn 3%，Cu 0.1%，Ag 2×10^{-6}，Au $<10\times10^{-6}$	热液充填交代型	矿化点	踏勘	应进一步检查
86	台山多金属矿化点	泌阳县铜山乡台山北西，东经 113°33′37″，北纬 32°48′25″	栾川群白云岩及条带白云岩为含矿围岩，并发生硅化、碳酸盐化、重晶石化、黄钾铁矾化蚀变；多金属铁帽呈脉状、网脉状，宽 0.5～4 cm，较大铁帽露头为 0.4 m×0.6 m×2 m，沿走向断续百余米，光谱分析铁帽：Cu 0.02%，Zn 0.2%，Ba 3%，Pb 0.01%，Mo 0.005%，Ag 0.005%，Sr 0.3%	热液交代型	矿化点	踏勘	应进一步检查
87	上郜庄多金属矿化点	泌阳县铜山乡上郜庄，东经 113°31′22″，北纬 32°46′55″	矿化赋存在栾川群白云岩及白云质蚀变大理岩中。河谷中铁帽出露长达十余米，宽几十厘米到 1～2 m，主要金属矿物有两种：①以黄铁矿为主，含黄铜矿等。②闪锌矿、方铅矿细脉，含孔雀石、褐铁矿等；主要元素 Cu、Pb、Zn	热液充填交代型	矿化点	踏勘	应进一步检查

续表 4-6

图上编号	矿床(点)名称	位置	地质与矿床特征	成因	规模	研究程度	备注
88	山头起多金属矿化点	确山县竹沟镇山头起，东经 113°39′25″，北纬 32°46′47″	位于邓庄铺复背斜东北翼，出露地层为栾川群，岩性为白云岩、白云质大理岩、斜长角闪片岩等。铁帽受层间破碎带控制，宽几十厘米至 1 m，断续出露长百余米。铁帽露头差，可见转石具蜂窝状、土状构造，主要由褐铁矿、石英及碳酸盐矿物组成	热液充填型	矿化点	踏勘	应开展矿点检查
89	毛家棚多金属矿化点	确山县石滚河乡西南毛家棚，东经 113°40′02″，北纬 32°42′21″	位于邓庄铺复背斜的核部，出露熊耳群地层，岩性为混合岩、变粒岩等，区内有石英斑岩脉侵入；矿化受断裂破碎带控制，沿断裂破碎带有细脉状、浸染状黄铁矿化、含铌磁铁矿化、黄铜矿化等，矿化脉宽几十厘米，断续延长 5～10 m 被覆盖。地表有 Cu、Pb、Zn、Ag 化探异常	热液充填型	矿化点	踏勘	应进一步开展工作

九、钼矿

钼是一种银白色金属(见图 4-9)，比重 10.22，其特殊性能具导电性和导热性强，膨胀系数小。钼主要用于冶金工业，用作生产各种合金钢。钼的化合物，主要用作催化剂和催化剂的活化剂、润滑剂等。颜料、染料、涂料、陶瓷玻璃、农业肥料等方面也有广泛的用途。

驻马店市钼矿产地共 3 处。

(一)塔橛钼矿化点(90)

图 4-9 钼矿石

塔橛钼矿化点位于遂平县张堂乡塔橛。矿化发育于燕山晚期花岗斑岩内的网脉状微细裂隙中,也常见辉钼矿呈鳞片状极不均匀地分布在花岗斑岩及其与石英砂岩和角岩的接触带中,偶见含辉钼矿、黄铁矿石英脉,长约 20 cm,宽 0.5~3 mm,局部见硅化及黄铁矿化。Mo 品位 0.000 5%~0.058%,一般为 0.01%。

矿化成因属斑岩型或中温热液细脉浸染型。矿化极不均匀,品位低,规模小,因工作程度较低,暂不具工业意义。

(二)河南省确山县小董庄钼矿(91)

矿体位于确山县小董庄,地理坐标:东经 114°03′27″,北纬 32°38′30″。矿体分布于花岗斑岩脉中,断续长 200 余 m,矿化类型以细脉浸染型为主。

(三)河南省确山县三宗素钼矿(92)

河南省确山县三宗素钼矿(92)位于确山县城北 30 km,行政区划隶属于确山县新安镇,地理坐标:东经 114°07′00″~ 114°09′00″,北纬 32°37′30″~32°38′45″,面积 7.175 km^2。花岗斑岩脉分布于矿区北中—北西,呈近东西向展布,长 450~1 200 m,厚 30~50 m。Mo 品位 0.01%~0.07%,Cu 0.02%~0.08%。矿化类型有石英脉型和细脉浸染型,以后者为主。

矿化不均匀,品位低,规模小。

十、铜钼矿

驻马店市铜钼矿产地 1 处。

分金炉铜钼矿化点(93)位于遂平县嵖岈山乡分金炉。

矿化点产于汝阳群黑云石英片岩夹大理岩透镜体中,其东部有燕山期花岗岩,周围有化探 Mo、Pb 异常显示。矿化体呈不规则透镜状、脉状及团窝状,长 140 m,厚 6~10 m。另有细脉浸染状矿化,脉宽 0.5~5 mm,长 0.2~1.5 m。

矿物成分有黄铁矿、黄铜矿、辉铜矿、透辉石及石英等。品位 Cu 0.05%~0.1%,Mo 0.001%~0.011%,围岩蚀变有硅卡岩化、角岩化。矿化属热液交代硅卡岩型成因。该矿化点虽然 Cu、Mo 品位均较低,但成矿地质条件有利,具有进一步开展工作的意义。

十一、金矿

图 4-10　金矿石

金是黄色有强金属光泽的金属(见图 4-10)，比重 19.32，具很好的延展性。金主要用作货币和装饰品，还用于陶瓷、镶牙、金笔等工业。近年来随着尖端技术的发展，黄金及其合金在电子、电气、宇航和国防尖端工业中具有特殊用途。

驻马店市已发现金矿点 3 处，均分布于泌阳县马谷田镇月儿湾—王老庄金矿(化)带中。区内在月儿湾—王老庄一带发现十余处金、铜金、银金矿(化)点，它们集中分布在岩体东部约 40 km^2 范围内，形成北东 60°方向、宽约 4 km、长约 10 km 的矿化带。

(一)银洞金矿点(94)

银洞金矿点(94)位于泌阳县马谷田镇银洞。金矿点分布于王老庄—月儿湾金矿化带中，产于海西期桃园花岗岩体内，位于自然重砂黄金一级异常金$_3$ 的西部，附近有水系沉积物测量 Au_{16} 异常。矿化规模、产状严格受银洞断裂破碎带控制。构造蚀变带长约 400 m，呈北东东 60°~80°方向展布。经工程初步揭露，金矿(化)体呈脉状，长 250 m，厚 0.5~1.0 m，赋存于断裂带上、下盘之间，倾向 150°~185°，倾角 25°~35°。金品位一般$(1\sim4.5)\times10^{-6}$。

(二)王老庄金矿点(95)

王老庄金矿点(95)位于泌阳县马谷田镇王老庄。矿床产于王老庄—月儿湾金矿带中，赋存于海西期桃园岩体内的燕山晚期花岗岩体内，分布于自然重砂黄金一级异常金$_3$ 的中部，矿点东有化探 Au_{17} 异常。金矿化受北东—北北东向断裂构造破碎带控制，矿化带长约 500 m，呈网脉状多条分枝产出，总体走向 45°~60°，单条矿化构造蚀变带宽 1~3 m，在此矿化带中已圈出 4 个金矿体，矿体展布方向、产状与构造蚀变带一致，以脉状和分枝复合、尖灭再现产出。矿体产状：倾向南东 135°~150°或北西 315°~330°，倾角 60°~85°，局部近直立。矿体长 120~200 m，厚 0.3~0.9 m，金品位一般$(1\sim12)\times10^{-6}$。

(三)月儿湾金矿点(96)

月儿湾金矿点(96)位于泌阳县马谷田镇月儿湾。分布于王老庄—月儿湾金矿化带、自然重砂黄金异常中，附近有化探 Au_{16}、Au_{20} 异常。矿床共有 3 条次级矿化带。

月儿湾—王老庄金矿带经河南地矿厅地调三队1994年普查,共圈出金矿体数十条,主要矿体经钻探控制延深40~80 m,基本查明了矿带内金矿体的个数、空间分布、形态、产状、规模厚度及品位变化,提交了D+E级矿石量20余万t。金量约5 t,属小型金矿床。

十二、铅银矿

银是白色金属,具有很强的导电性、延展性和传热性,多用在电子工业和制造发电设备的零件中。纯度较高的银用于制造银币和装饰品。

驻马店市铅银矿产地仅1处。

铜坑岭铅银矿化点(97)位于泌阳县马谷田镇,其地理坐标:东经113°20′29″,北纬32°36′35″。

矿化点附近出露地层为下古生界二郎坪群,岩性为绢云石英片岩与斜长片麻岩互层,并受混合岩化作用。地层岩系倾向西南,并有北西向断裂切割。区内沿小断裂分布有花岗斑岩、花岗岩、云煌岩、次闪石岩等。含矿层为白云绢云石英片岩与绢云变粒岩,产状:倾向215°,倾角65°~82°。矿化体为硅化炭质白云绢云石英片岩,具变余砂状结构、鳞片花岗变晶结构、浸染状构造。金属矿物有褐铁矿、黄铁矿,局部可见铅矿、黄铜矿。矿化不均匀,局部富集处矿石品位Ag 40×10^{-6},Cu 0.03%,Pb 2.87%。

十三、稀有金属矿产

驻马店市稀有金属矿产主要为含稀有金属铌、钽的矿物。铌是银白色,钽是深灰色的耐熔金属。具有熔点高、强度高、抗变形、抗腐蚀,以及导热、超导、单极导和吸收气体等优良特性,广泛应用在电子、宇航、机械工业及原子反应堆中,驻马店市稀有金属矿产地共4处,其中矿点3处、矿化点1处,均分布于泌阳县。各处产地分布的矿种及基本情况简述如下。

(一)汪楼复稀金矿化点(98)

汪楼复稀金矿化点(98)位于泌阳县下碑寺乡汪楼附近,地理坐标:东经113°33′46″,北纬33°06′08″。

矿化点产于燕山晚期角子山花岗岩的伟晶岩脉中,该脉分带性差,主要由微斜长石和石英组成,放射性高(最高130γ)。有用矿物为钙钍稀金矿。品位Nb_2O_5平均0.026 5%,Ta_2O_5最高0.009 3%,Th最高0.033%。

该矿化点规模甚小,无工业意义。

（二）台山铌矿点(99)

台山铌矿点(99)位于泌阳县铜山乡台山，地理坐标：东经113°34′15″，北纬32°48′12″。

矿化产于栾川群中的碱性火山岩中，岩性为黑云钾长片岩、黑云钾长变粒岩夹褐铁矿化白云石大理岩透镜体、石英绢云片岩薄层等。矿化体呈透镜状或不规则状，一般长20~40 m，宽1~7 m，Nb_2O_5 平均在0.1%以上。铌元素分散于磷灰石、磁铁矿、赤铁矿、黑云母、石榴石及钛铁金红石中，有一定矿化范围，但无单矿物。

（三）白湾铌锆矿点(100)

白湾铌锆矿点(100)位于泌阳县铜山乡白湾，地理坐标：东经113°30′48″~113°31′40″，北纬32°45′10″~32°46′35″。

矿化体为霓石化花岗岩脉，沿走向侵入栾川群石英岩与斜长黑云片岩之间，长3 450 m，宽40~70 m，铌与γ强度成正比，γ异常呈不规则带状和椭圆状，长10~120 m，一般30~70 m，宽一般10~15 m，霓石常交代长石。品位 Nb_2O_5 一般为0.05%，ZrO_2 0.5%，Ca 0.002%~0.004%，Ce 0.1%~0.3%。U、Ta等元素含量甚微。铌呈分散状态赋存于锆石及钛铁矿、金红石等矿物中。

矿点矿化规模较大，但无可用铌矿物。

（四）铜山烧绿石矿点(101)

铜山烧绿石矿点(101)位于泌阳县东南仰天凹一带，地理坐标：东经113°33′13″~113°36′08″，北纬32°40′00″~32°41′39″。

铜山花岗岩体东南部普遍含烧绿石，岩石蚀变现象微弱，镜下可见到轻微白云母化、绢云母化、钠长石化。

烧绿石多呈黄褐、棕褐色与黑色八面体晶形，结晶颗粒0.25~2 mm，一般0.4~0.8 mm，多呈单体出现，部分与磁铁矿、黑云母及长英质矿物成连晶，表面均有一层黄白色脂铅铀矿薄膜，具放射性。光谱分析铌大于10%，钽大于1%，钍近于3%，钠大于或等于10%，钇近似于2%。

区内所见含铌矿物主要为烧绿石，次为复稀金矿、钛铁矿、红钛锰矿，共生矿物有榍石、锆石、褐帘石、钍石、方铅矿、泡铋矿。据河流自然重砂测量，10 kg河砂中含0.005~0.05 g(Ⅱ级)的样有41个，大于0.05 g(Ⅳ级)的样有16个。人工重砂岩石中烧绿石含量为0.425~17.859 g/m^3，一般为2.743 g/m^3。

岩石单项化学分析结果：U_3O_8 0.000 3%~0.000 6%，Ta_2O_5 0.000 5%~0.003%，TiO_2 0.18%~0.75%，其他稀有分散元素含量甚微，无利用价值。

第三节　非金属矿产

一、萤石

图 4-11　萤石

萤石是一种熔点较低的矿物(见图 4-11),常呈黄、灰、绿、蓝、紫、红、棕、黑等各种美丽色彩。在冶金上主要用作冶炼钢铁的熔剂,在化学工业上主要用来制氢氟酸及其衍生物。萤石还是玻璃、陶瓷、辉绿岩铸件工业的重要配料,无色透明者还可作光学仪器,色泽鲜艳者可作美术工艺品。

萤石是驻马店市分布较广的矿种,已做过地质勘查工作的矿产地 25 处,其中泌阳县 13 处、确山县 12 处;中型矿床 1 处,小型矿床 3 处,矿点 21 处。该矿种是驻马店市开发利用程度较高的矿种之一。此外,尚有许多未做过地质工作的民采点未统计在内。现以周庄中型萤石矿和楼房沟小型萤石矿为代表介绍如下。

(一)周庄中型萤石矿(102)

确山县周庄萤石矿区位于驻马店市确山县任店乡与信阳市信阳县邢集乡和桐柏县迴龙乡交界处。地理坐标:东经 113°48′30″,北纬 32°36′52″。矿区主要部分鸽子崖、豁子山矿段在驻马店市确山县境内。

1. 矿床地质特征

萤石矿床赋存于天目山花岗岩与周庄基性侵入体接触带的层间破碎带中,矿区共有 12 个萤石矿体,自西向东编号依次为Ⅳ、Ⅲ、Ⅱ$_1$、Ⅱ$_2$、Ⅱ$_3$、Ⅷ、Ⅰ、Ⅵ、Ⅶ、Ⅴ$_3$、Ⅴ$_2$、Ⅴ$_1$,除Ⅷ、Ⅵ、Ⅶ号矿体外,其余 9 个均为工业矿体,其中Ⅲ、Ⅰ、Ⅱ$_1$ 号矿体为主要工业矿体,占全矿区矿石总量的 91.87%。

矿体沿层间破碎带断续分布,其间距 45 ~ 240 m 不等。工业矿体大多裸露地表,仅Ⅰ、Ⅲ号矿体上覆有斜长角闪片岩,图 4-12 为 4 个主要工业矿体的水平投影。

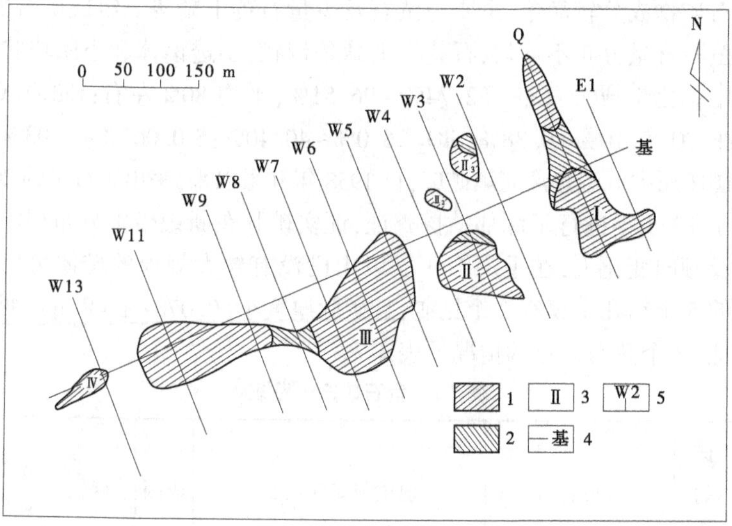

1—表内矿;2—表外矿;3—矿体号;4—基线;5—勘探线及编号

图 4-12　周庄萤石矿区Ⅰ~Ⅳ号矿体水平投影图

矿体呈层状,平面投影形态呈锥状,纵投影形态呈不规则状。剖面形态呈条带状。地表和深部倾角稍陡,中部平缓,呈波状起伏。矿体顶板围岩为碎裂石英岩,底板为硅卡岩、花岗岩、石英岩、大理岩等。

2. *矿石特征*

矿石为含萤石的碎裂岩,其中含萤石碎裂石英岩占 98%以上,少量为含萤石大理岩和花岗岩。矿石矿物成分:萤石 46%~52%、石英 40%~46%、绢云母 3%、褐铁矿 2%、高岭土 1%。

该矿床于 1988~1989 年经河南省地矿厅地调三队详查探明 C+D 级矿石量 71. 97 万 t,CaF_2 量 36. 93 万 t,属中型规模萤石矿床。矿石经浮选工艺流程的选矿试验,获得产率为 44. 54%、回收率为 92. 49%、CaF_2 品位为 95. 6%的萤石精矿产品,选矿指标较好。目前该矿正在开采。

(二)楼房沟小型萤石矿(103)

楼房沟小型萤石矿(103)位于泌阳县铜山乡楼房沟一带,地理坐标:东经 113°32′39″,北纬 32°47′18″。矿区位于邓庄铺倾伏背斜北东翼,矿体主要产于刘庄组黑云母片麻岩中。

矿石矿物成分较简单,主要为萤石及少量石英玉髓等。组成矿石的主要成分中萤石含量分布不均匀,石英呈细脉条带状、小透镜体和小团块状,富集于矿脉中。化学成分:CaF_2 52.74%~96.51%,平均80%左右;$CaCO_3$ 0.13~0.81%;Fe_2O_3 0.10%~0.38%;SiO_2 26.0%~40.40%;S 0.007%~0.03%。

该矿床属中低温热液充填矿床,自1958年开采以来,采出矿石量约20万t。本矿床于1975年进行了深部钻探查证,证实矿脉在断裂带中分布很不规则,沿走向及倾向变化大,在垂深100 m以内已没有较大规模的矿体可供开采。已施工的5个钻孔中仅有2个见矿,且矿脉厚度小(0.078~1.48 m)、变化大。

其他23个萤石矿点的情况见表4-7。

表4-7 萤石矿产一览表

图上编号	矿床(点)名称	位置	地质与矿床特征	成因	规模	研究程度	备注
104	寺东萤石矿点	泌阳县官庄乡夏庄寺东,东经113°18′32″,北纬32°55′48″	矿体呈脉状产于晋宁期花岗岩中,有3条石英萤石脉,地表可见长度分别为:①长8 m,宽0.25 m;②长5.8 m,宽0.15 m;③长9.9 m,宽0.3~0.5 m。品位:CaF_2最高81.6%~86.8%	中低温热液充填型	矿点	踏勘	现已开采
105	罗庄萤石矿点	泌阳县大路庄乡罗庄东北,东经113°34′37″,北纬32°47′57″	矿点出露有太古界混合岩及混合花岗岩,矿体产于其边缘破碎带中,破碎带宽5~6 m,矿体呈脉状、不规则状,产状320°∠60°,共数条,最宽0.72 m,一般0.2~0.5 m,长40 m,断续长数百米。矿石类型有块状萤石、晶簇状萤石—石英型两种。品位:CaF_2含量在80%以上	中低温热液充填型	矿点	踏勘	现已开采

续表 4-7

图上编号	矿床（点）名称	位置	地质与矿床特征	成因	规模	研究程度	备注
106	乔庄萤石矿点	泌阳县铜山乡乔庄南，东经 113°34′30″，北纬 32°49′37″	产于栾川群白云质大理岩中，萤石沿层间断裂带交代和充填而成。矿体一般长为数十米，厚0.2~0.4 m。局部厚0.5 m。围岩蚀变为硅化、萤石化、碳酸盐化。萤石为紫色，致密块状及条带状构造：CaF_2 75.0%	热液交代型	矿点	踏勘	现已开采
107	盆庄萤石矿点	确山县竹沟镇盆庄，东经 113°38′35″，北纬 32′46′26″	位于盆庄逆断层破碎带内。断层北部为晋宁期花岗岩，南为上元古界栾川群。矿体呈脉状产于断层破碎带中，宽几十厘米至1~2 m，长十几米到几十米，断续长达数千米。矿石具脉状和角砾状构造。矿石类型为萤石和石英萤石型。矿石质量较好	低温热液型	矿点	矿点踏勘	现已开采
108	赵沟萤石矿点	确山县竹沟镇赵沟，东经 113°38′35″，北纬 32°47′18″	区内出露地层为栾川群，岩性为大理岩，条带状白云质大理岩，矿化受层间破碎带控制，破碎带产状：86°∠36°，破碎带断续长达200余m；矿体呈脉状、透镜状，宽0.5~1.0 m，长25~35 m。萤石以紫红色萤石为主，多数矿石为3~4级品，1~2级品较少	低温热液型	矿点	矿点检查	部分已开采

续表 4-7

图上编号	矿床（点）名称	位置	地质与矿床特征	成因	规模	研究程度	备注
109	丁山寨萤石矿点	确山县竹沟镇丁山寨西山坡，东经 113°39′49″，北纬 32°45′52″	萤石矿化受栾川群层间破碎带控制。矿脉宽几十厘米，长数米至十余米。矿脉为石英萤石脉，矿石矿物为紫红色萤石，CaF_2 70%～75%	低温热液型	矿点	矿点检查	可供民采
110	寺沟萤石矿点	确山县竹沟镇寺沟，东经 113°40′19″，北纬 32°45′22″	矿化受栾川群层间破碎带控制。矿化带断续长数百米，矿体长十余米至数十米，矿体产状：50°∠70°。矿石具条带状构造。有用矿物为紫红色萤石，脉石矿物为石英和碳酸盐矿物。CaF_2 70%～75%。围岩为大理岩，具硅化和碳酸盐化。矿带有采坑 3 处	低温热液型	矿点	矿点检查	现已开采
111	小铜山萤石矿点	泌阳县铜山乡小铜山北椿树岗北东，东经 113°36′23″，北纬 32°43′47″	附近出露燕山期花岗岩，矿体产在花岗岩体边部，矿体长 200 余 m，最宽 4～5 m，一般 1～3 m，走向北西，倾向北东。矿石为结晶块状萤石类型。品位 CaF_2 含量最高可达 85%以上	热液充填型	矿点	矿点检查	已零星开采

续表 4-7

图上编号	矿床（点）名称	位置	地质与矿床特征	成因	规模	研究程度	备注
112	中岳沟萤石矿点	确山县竹沟镇中岳沟北，东经 113°41′30″，北纬 32°43′52″	矿化受汝阳群层间破碎带控制，二矿体产于层间破碎带中，宽数十厘米至 1 m，长 10 余 m，产状 90°∠70°。围岩为透闪石化大理岩和斜长二云片岩。矿石具条带状构造，有用矿物为紫红色萤石，脉石矿物为石英和碳酸盐矿物，矿石多属 4～5 级品	低温热液型	矿点	矿点检查	可供民采
113	梅子川萤石矿点	泌阳县铜山乡梅子川西 280 m，东经 113°36′47″，北纬 32°43′39″	矿体产于燕山期花岗岩岩体边部，受构造破碎带控制。矿体长几十米，宽 1～2 m，产于角砾岩带中。矿石属块状、角砾状萤石矿类型，CaF_2 含量变化较大	热液充填型	矿点	踏勘	已零星开采
114	尖山北萤石矿点	确山县石滚河乡西南尖山西北，东经 113°42′45″，北纬 32°43′11″	矿化受栾川群层间破碎带控制，矿体附近有石英斑岩脉。矿体呈脉状，宽几十厘米，长一至数米。地表断续长达百余米。矿石具角砾状构造。有用矿物为紫红色、绿色、无色萤石。CaF_2 36.47%	热液充填型	矿点	踏勘	现已开采

续表 4-7

图上编号	矿床（点）名称	位置	地质与矿床特征	成因	规模	研究程度	备注
115	下岳沟萤石矿点	确山县竹沟镇下岳沟，东经 113°42′32″，北纬 32°43′35″	矿化受栾川群层间破碎带控制。矿化带附近有石英斑岩脉，矿体宽几十厘米，长数米。围岩为白云质大理岩，具硅化和碳酸盐化，矿石具条带状构造。有用矿物为紫红色萤石，矿石多属 4~5 级品	热液充填型	矿点	踏勘	现已开采
116	毛家棚萤石矿点	确山县石滚河乡毛家棚西南，东经 113°39′42″，北纬 32°42′19″	矿区位于邓庄铺背斜核部，出露地层为汝阳群黑云斜长片麻岩、浅粒岩，区内出露有石英斑岩。萤石矿脉受北东向断裂控制，沿石英斑岩脉两侧分布。出露长约 100 m，宽 1~2 m，含 CaF_2 40%~50%	热液充填型	矿点	踏勘	现已开采
117	下鄢庄萤石矿点	确山县任店镇西南下鄢庄，东经 113°47′02″，北纬 32°37′44″	矿体产于元古代斜长角闪岩体与栾川群大理岩、斜长角闪片岩、二云石英片岩的接触带上。围岩具透闪石化。共有三层矿，矿层呈薄层状，单层厚 10~30 cm，最厚处达 0.9~1.7 m。长 64 m，矿石具条带状构造。CaF_2 87.88%~88.52%，TFe 1%	低温热液型	矿点	踏勘	应进一步开展工作

续表 4-7

图上编号	矿床（点）名称	位置	地质与矿床特征	成因	规模	研究程度	备注
118	张竹园萤石矿	确山县竹沟镇张竹园村，东经 113°38′32″，北纬 32°50′03″	矿体为燕山晚期第二次侵入岩体（$\eta\gamma_5^{3-2}$）内发育的萤石矿脉，矿石多呈灰色、灰白色，不等粒变晶结构，块状构造，萤石含量平均在20%以下，呈小角砾状构造产出	热液充填型	矿点	踏勘	现正在开采
119	南小庙萤石矿	确山县任店镇，东经 113°52′41″，北纬 32°37′11″	该萤石矿主要赋存于小断裂带及其层间破碎断裂带内。矿石矿物主要为细粒萤石，矿石结构主要为晶粒结构、镶嵌结构、脉状结构。矿体形态复杂程度属中等	热液充填型	矿点	踏勘	现正在开采
120	下白沟萤石矿	泌阳县铜山乡下白沟，东经 113°33′48″，北纬 32°43′56″	矿体附近出露岩性为燕山期花岗岩，岩体产生于花岗岩体边部，受构造破碎带控制。破裂花岗岩或角砾岩为其含矿围岩，并具硅化、高岭土化。矿脉厚 0.3～1.5 m，最大厚度 3 m，矿体断续长 200 m 左右，向下延伸约 20 m。矿体呈脉状。矿体产状稳定，矿体沿断裂走向时宽时窄，矿体形态复杂程度属中等。矿体产状稳定，一般很少有较大断层破坏岩体，岩脉不发育，构造、岩脉发育程度复杂	热液充填型	小型	普查	现正在开采

续表 4-7

图上编号	矿床（点）名称	位置	地质与矿床特征	成因	规模	研究程度	备注
121	盘古萤石矿	泌阳县盘古乡，东经 113°16′03″，北纬 32°36′16″	矿区出露的下古生界大理岩，透镜状大理岩为主要矿体，矿石品位较好，矿石结构以中粗粒变晶结构为主，中细变晶结构；花岗结构次之，矿石的矿物成分主要为中—粗粒方解石为主，含量占 85%～90%	热液充填型	矿点	普查	现正在开采
122	张岗萤石矿	泌阳县盘古乡安子沟村，东经 113°24′52″，北纬 32°40′30″	矿体主要为晋宁期侵入花岗岩（γ_2^2），矿体呈灰白色，矿物成分主要为斜长石、钾长石、石英、黑云母。粒状花岗结构。岩石主要为粗中—中粒花岗岩、中粒斑状花岗岩、中粒黑云母二长花岗岩或中细粒花岗岩。矿物成分分布均匀，矿体出露面积较大，厚度延伸大	热液充填型	小型	普查	部分已开采
123	张庄东坡萤石矿	泌阳县马谷田镇张庄村，东经 113°28′22″，北纬 32°35′08″	矿区出露的下古生界大理岩，透镜状大理岩为主要矿体，矿石结构以中粗粒变晶结构为主，中细变晶结构；花岗结构次之，矿石构造为条带状，块状平行构造，斑杂状及结核状构造，矿石的矿物成分主要以中—粗粒方解石为主，含量占 85%～90%，次为石英、透辉石、白云母等	热液充填型	矿点	踏勘	部分已开采

续表 4-7

图上编号	矿床（点）名称	位置	地质与矿床特征	成因	规模	研究程度	备注
124	王山萤石矿	泌阳县郭集乡王山，东经 113°11′14″，北纬 33°03′53″	矿区出露的下古生界大理岩，矿石品位较好，岩石较为完整，矿体呈产状，出露长 190 m，矿石主要化学成分为氧化钙，中细变晶结构、块状平行构造、斑杂状及结核状构造，矿石的矿物成分主要为方解石	热液充填型	矿点	踏勘	部分已开采
125	姚沟萤石矿	泌阳县马谷田镇马道村姚沟，东经 113°27′49″，北纬 32°38′00″	矿区出露的下古生界大理岩，透镜状大理岩为主要矿体，矿石的矿物成分主要为中—粗粒方解石，次为石英、透辉石、白云母等	热液充填型	矿点	踏勘	部分已开采
126	堰塘寺萤石矿	泌阳县马谷田镇堰塘寺，东经 113°35′02″，北纬 32°39′38″	该萤石矿主要赋存于小断裂带及其层间破碎带内。根据探槽揭露：矿体位于堰塘寺东北侧 300 m，矿体长 300 m，厚 3～5 m，其走向 90°～120°，倾向东北，倾角 20°～30°，顶、底板岩性为左老庄组（Pt_2z）：主要云母石英片岩。矿体复杂程度属中等，构造、岩脉发育程度复杂	热液充填型	矿点	普查	现正在开采

二、硅石

图 4-13 硅石

硅石(见图 4-13)的主要用途是在冶金工业中用作制酸性耐火砖和冶炼各种金属的熔剂。质纯的硅石,可制造石英玻璃,提炼结晶硅。在建材工业中可作为玻璃原料、陶瓷原料和硅酸盐水泥的校正原料,还可用于制造磨石、油石、砂纸等。

硅石是驻马店市的优势矿种之一,已发现矿产地 18 处(确山县 7 处、驿城区 4 处、泌阳县 4 处、西平县 2 处、遂平县 1 处),其中石英岩矿床 17 处(大型 1 处、中型 2 处、矿点 14 处),石英砂岩矿床 2 处(中型 1 处、矿点 1 处),脉石英矿床 2 处(小型 1 处、矿点 1 处),现以吴楼大型石英岩矿床、新安店小型脉石英矿床为例介绍如下。

(一)吴楼大型石英岩矿床(127)

矿床位于驿城区胡庙乡吴楼,距驻马店市 15 km,地理坐标:东经 113°54′42″,北纬 32°54′12″。

含矿岩系为三教堂组,含上、中、下三层矿,该组岩层自下而上可分为 4 个岩性段。

矿石主要由石英组成,含微量电气石、锆石、金红石和铁质,平均化学成分:SiO_2 98.098%、Fe_2O_3 1.094%、CaO 0.019 5%、Al_2O_3 0.408%、MgO 0.050 9%、TiO_2 0.040 9%,符合冶金耐火材料工业要求,可作为制硅砖原料,矿石经过洗选后,品质可进一步提高,可以制作质量优良、成品率很高的焦炉硅砖、高密度硅砖及特种玻璃。

该矿床属海相沉积轻微变质矿床。仅对吴楼地段的地质进行勘测工作,求得地质储量 6 160 万 t,矿体两端均未封闭,还具有良好的找矿前景。

(二)新安店小型脉石英矿床(128)

新安店小型脉石英矿床(128)位于确山县新安店镇蜘蛛山、胡山一带,地理坐标:东经 113°59′00″,北纬 32°35′20″。

石英脉受北西向和北东东向张节理控制。围岩多为片岩,少数为石英岩。大多数石英脉呈单脉,形态复杂,厚度变化较大,常含有围岩团块或云母、钾长石和板钛矿。石英矿一般长 25~30 m,厚 0.5~2 m,最长可达 100 m。SiO_2 含量 99.31%~99.93%，Fe_2O_3 含量 0.015%~0.063%。

石英脉属热液充填成因。1963 年省建材 401 队做过详查工作，提交储量 C1+C2 级 2.55 万 t，属小型矿床。化学分析结果表明，此处石英脉满足玻璃原料要求，可供民采。

其他硅石矿的基本情况见表 4-8。

表 4-8　硅石矿产一览表

图上编号	矿床（点）名称	位置	地质与矿床特征	成因	规模	研究程度	备注
129	杨不乃中型石英砂岩矿床	西平县酒店乡杨不乃村，东经 113°38′30″，北纬 32°16′30″	矿区出露地层为汝阳群和崔庄组，岩性为灰白色中粒石英岩状砂岩。可资利用的矿石产于崔庄组内，矿体长 3 000 m，宽 500 m。品位：SiO_2 一般在 98% 左右，Fe_2O_3 0.15%，Al_2O_3 0.5%。储量 102.4 万 t	沉积变质型	中型	普查	部分已开发
130	玉山中型石英岩矿床	遂平县城西玉山镇南 3 km	矿体分布于三教堂组，呈层状，厚度百余米，可采层厚 30～40 m。品位：SiO_2 98.48%～99.12%，Fe_2O_3 0.35%~0.5%，Al_2O_3 0.13%~0.22%，TiO_2 0.03%～0.05%。估算地质储量 600~1 000 万 t	沉积变质型	中型	矿点检查	待开发
131	两架山石英岩矿点	驿城区胡庙乡西 2 km 两架山	三教堂组石英岩为含矿岩系。矿体长 1 000 m，宽 50 m。品位：SiO_2 97.52%，Al_2O_3 0.75%，Fe_2O_3 0.70%，TiO_2 0.04%，P_2O_5 0.018%	沉积变质型	矿点	踏勘	工业尚未利用

续表 4-8

图上编号	矿床（点）名称	位置	地质与矿床特征	成因	规模	研究程度	备注
132	韩庄石英岩矿点	泌阳县铜山乡韩庄北	汝阳群石英岩为其含矿岩系，毛芽沟背斜两翼均有出露。矿体有数层，最厚 100 m，最薄 10 m，有时夹有二云石英片岩。化学成分：SiO_2 96.18%，Fe_2O_3 1.56%，Al_2O_3 0.44%，MgO 0.07%	沉积变质型	矿点	踏勘	研究程度低
133	河南庄石英岩矿点	确山县竹沟镇河南庄南，东经 113°39′04″，北纬 32°46′45″	区内出露地层为栾川群，上部为厚层状石英岩。石英岩矿体产于下部层位中，沿走向稳定延伸，局部夹有片岩。矿层厚 10~150 m，可采厚 10 ~ 100 m。SiO_2 > 96%，Fe_2O_3 3.15%，属硅砖、硅铁Ⅱ级品矿石。估算储量 100 万 t 以上	沉积变质型	矿点	矿点检查	应进一步开展工作
134	独栗树脉石英矿点	确山县瓦岗乡独栗树，东经 113°54′00″~113°56′00″，北纬 32°47′00″~32°48′06″	区内出露地层为熊耳群，岩性主要为白云石英片岩、白云母片麻岩和白云母正长片麻岩，石英脉产于其中。区内有工业价值的石英脉有 9 条，一般长 40 m，厚 1~2 m，石英脉具粒状结构，块状构造。含微量云母、磁铁矿和黄铁矿。SiO_2 95%~99.6%，Fe_2O_3 0.019%~0.037%，表内储量 C2 级 2.36 万 t，表外储量 C2 级 1.99 万 t，地质储量 3 000 t	热液充填	矿点	普查	可供民采

续表 4-8

图上编号	矿床（点）名称	位置	地质与矿床特征	成因	规模	研究程度	备注
135	孤山石英岩矿点	泌阳县铜山乡孤山	汝阳群石英岩为其含矿岩系，厚10~150 m。矿体一至数层，最厚150 m，最薄10 m，北东南西向延伸，矿体呈层状，似层状。矿石化学成分：SiO_2 96.20%，Fe_2O_3 1.25%，Al_2O_3 0.66%，CaO 0.31%，MgO 0.04%	沉积变质型	矿点	踏勘	尚未开采利用
136	太白岭石英岩矿点	确山县任店镇西南太白岭，东经113°01′37″，北纬32°47′14″	含矿岩系为汝阳群白草坪组，岩性为浅灰色薄层石英岩、片状石英岩和绢云石英片岩，矿层长2 000 m以上，厚15~20 m，最厚40 m。SiO_2 97.58 %，Fe_2O_3 1.04%，Al_2O_3 1.47%	沉积变质型	矿点	踏勘	尚未开采利用
137	老蔡河石英岩矿点	泌阳县板桥镇老蔡河，东经113°36′41″，北纬32°55′36″	矿区出露的地层为新元古界震旦系上统三教堂组，灰白色—淡玫瑰色中厚层石英岩为主要矿体，矿石的结构构造单一，较破碎，硬度为7	沉积变质型	矿点	普查	部分已开采
138	贾楼石英岩矿点	泌阳县贾楼乡，东经113°31′38″，北纬32°53′47″	矿区出露的地层为新元古界震旦系上统三教堂组，中厚层石英岩为主要矿体，矿石的结构构造单一，但岩石较破碎，硬度为7	沉积变质型	矿点	踏勘	现正在开采

续表 4-8

图上编号	矿床（点）名称	位置	地质与矿床特征	成因	规模	研究程度	备注
139	唐庄石英岩矿点	确山县双河乡唐庄村，东经 114°11′41″，北纬 32°34′14″	矿区出露的上古元界未分层中—薄状层灰白色石英岩为主要矿体。岩体走向 320° 左右，矿石为浅灰、灰白色石英岩，SiO_2 可达 70%~99%，矿石品位较好	沉积变质型	矿点	普查	现正在开采
140	秀山石英岩矿	确山县三里河乡秀山尚庄村，东经 113°58′59″，北纬 32°49′20″	矿区出露的地层为新元古界震旦系上统三教堂组，灰白色—淡玫瑰色中厚层石英岩为主要矿体，矿石的结构构造单一，但岩石较破碎，硬度为 7。矿石专门作为铁路道砟用石	沉积变质型	矿点	普查	现正在开采
141	老君山石英岩矿点	确山县西王楼村老君山西 1 000 m，东经 113°39′00″，北纬 32°49′52″	矿区出露的地层为新元古界震旦系上统三教堂组灰	沉积变质型	矿点	踏勘	部分已开采
142	蚂蚁山石英岩矿	驿城区胡庙乡龚楼村蚂蚁山，东经 113°51′17″，北纬 32°56′13″	矿体分布于中元古界汝阳群白草坪组石英岩地层中，呈层状产出，矿层走向南东向北西向，南部倾向北东，北部部分南西，倾角一般 55 °~65°。矿石呈现块状，细粒变晶结构，灰白—青灰色为主，部分呈杂色，薄层—中厚层产出，矿物成分以石英为主，含量一般为 75%~90%，个别达 97%，其次为含长石 10%~20%，少量透辉石、绢云母、泥质物	沉积变质型	矿点	普查	部分已开采

续表 4-8

图上编号	矿床（点）名称	位置	地质与矿床特征	成因	规模	研究程度	备注
143	栗树庄石英岩矿点	驿城区胡庙乡大韦庄村栗树庄小组帽垫山，东经 113°50′49″，北纬 32°56′58″	矿体分布于中元古界汝阳群白草坪组，矿石呈现块状，细粒变晶结构，矿物成分以石英为主，含量一般 75%～90%，个别达 97%，其次为含长石 10%～20%，少量透辉石、绢云母、泥质物	沉积变质型	矿点	普查	现正在开采
144	跑马岭石英岩矿	西平县酒店乡跑马岭，东经 113°50′52″，北纬 32°57′02″	矿体分布于上元古界洛峪群石英地层中，呈层状产出，矿区内出露宽约 500 m，长约 600 m，倾向北西 320°～330°，倾角 49°～50°。矿石质量一般，化学成分稳定，矿石品位 Si_2O_2 95%～97%、Fe_3O_2 0.74%～0.9%、Al_2O_3 0.04%、TiO_2 0.04%	沉积变质型	矿点	普查	部分已开采

三、熔剂灰岩

熔剂灰岩（见图 4-14）是石灰岩的一种，主要用途是做冶炼生铁、钢和有色金属的熔剂，能使矿石中各种杂质和燃料中的灰分变成炉渣，并有脱磷脱硫的能力。

图 4-14　熔剂灰岩

驻马店市共有熔剂灰岩矿产地 3 处，其中大型 1 处、小型 2 处，分别分布于确山县和泌阳县。在此以确山县独山大型熔剂灰岩矿床为例简述如下。

独山大型熔剂灰岩矿床(145)位于确山县刘店乡独山—牛湾村一带,地理坐标:东经 114°07′30″～114°08′40″,北纬 32°44′40″～32°45′30″。

(一)矿区地质特征及矿床特征

含岩矿系为奥陶系中统马家沟组。

矿床共有 9 个矿层,分别赋存于白云质灰岩、铝氧灰岩、石灰岩夹 7 层铝氧灰岩岩性段内,其中第二、九矿层为主矿层,长 2 000 m,宽 340～480 m,厚 250～382 m。其他各矿层厚 4. 13～16. 05 m。矿石具隐晶—微晶结构,块状构造。矿石化学成分:CaO 53. 91% ～ 55. 57%,平均 54. 77%;MgO 0. 10% ～ 1. 14%,平均 0. 35%;SiO_2 0. 17%～1. 8%,平均 0. 59%。其他有害组分均不超标,符合工业要求。

(二)成因及评价

矿床属浅海沉积成因。1979 年河南省地质局地质八队做过勘探,提交表内储量 16 309. 31 万 t,表外储量 2 232. 89 万 t,总储量 18 542. 2 万 t,属大型矿床。

另外,在熔剂灰岩上、下部伴生有水泥灰岩,地质储量 3 373 万 t。目前正在开采,矿石用作烧石灰、制水泥和建筑碎石。

其他熔剂灰岩矿床特征见表 4-9。

表 4-9　熔剂灰岩矿产一览表

图上编号	矿床(点)名称	位置	地质与矿床特征	成因	规模	研究程度	备注
146	兰冲熔剂灰岩小型矿床	确山县任店镇兰冲,东经 113°57′26″,北纬 32°44′32″	矿体呈层状产于馒头组中,其产状与地层相同。出露长 320 m,厚 53～136 m,平均厚 95 m,以石灰岩及条带状石灰岩为主。倾向南西,倾角 30°～50°;矿石中 CaO 49. 01%～53. 35%,平均 51. 09%。酸不溶物 4. 4%～9. 2%	沉积变质	小型,C2 级 407. 8 万 t,地质储量 407. 8 万 t。总储量 815. 6 万 t	普查	现已开采利用

续表 4-9

图上编号	矿床(点)名称	位置	地质与矿床特征	成因	规模	研究程度	备注
147	条山熔剂灰岩小型矿床	泌阳县马谷田乡条山，东经 113°30′51″，北纬 32°37′13″	矿区为一背形构造，矿体产于刘山岩组斜长角闪片岩中的大理岩夹层中。含矿层出露长 1 100 m，宽 100～200 m，倾向北东，倾角 50°～70°；共有 16 层矿，矿体最大厚度 34 m，最小厚度 3 m；矿石平均品位：CaO 51%～54.85%，MgO 1%～2%，SiO_2 0.5%～5%，Al_2O_3 0.5%～0.8%，SO_3＜0.1%～0.3%，Fe_2O_3＜0.5%～1.5%，P_2O_5＜0.01%～0.05%，LOS 40%～43%	沉积变质	小型，C1+C2 级 3 087.86 万 t	详勘	现已开采利用

四、白云岩

图 4-15　白云岩

白云岩（见图 4-15）是以白云石为主要组分的碳酸盐岩，广泛用于冶金、化学、建筑及其他工业。炼铁和炼钢时，白云岩作为熔剂，起中和酸性炉渣的作用，另外还可制含镁水泥、钙镁磷肥，MgO 含量高者可冶炼金属镁。白云岩是驻马店市的最优势矿种之一，在豫南占有重要地位。现已查明有矿产地 16 处，其中大型矿床 3 处、中型矿床 1 处、小型矿床 1 处、矿点 11 处。主要分布在确山县，次为驿城区、泌阳县及遂平县。现以兰楼大型白云岩矿床为例介绍如下。

兰楼大型白云岩矿床（148）位于确山县任店镇兰楼，地理坐标：东经 113°56′00″，北纬 32°44′55″。

矿体呈层状产于辛集组中，产状与围岩一致。矿体长大于 800 m，厚 60~300 m，平均厚 130 m，具西北厚、东南薄的特点。矿石类型有大理岩化白云岩和细粒白云石大理岩两种。矿石具细粒变晶结构，块状构造。矿物成分主要由白云石组成，含少量方解石。

化学成分：MgO 17.96%~21.41%，平均为 20.54%；MgO+CaO 最高为 51.82%，平均为 50.41%；酸不溶物含量符合熔剂用白云岩工业要求。

矿床成因属浅海沉积变质成因。该矿床经河南省地矿厅地调三队 1983 年普查工作求得 C1+C2+D 级储量共 6 768 万 t，其中 C1 级储量 781.35 万 t，属大型白云岩矿床。

该矿床因 MgO 含量高，符合冶炼金属镁的工业要求，确山县任店镇已建金属镁冶炼厂一座，采此矿床矿石，于 1994 年生产出了金属镁。其他白云岩矿床特征见表 4-10。

表 4-10　白云岩矿产一览表

图上编号	矿床（点）名称	位置	地质与矿床特征	成因	规模	研究程度	备注
149	昌庄白云岩矿点	泌阳县春水镇昌庄北坡	含矿层位于汝阳群中部，矿体为蛇纹石大理岩，长 640 m，宽小于 25 m，倾向南南东—南西，倾角 20°~50°	沉积变质型	矿点	矿点检查	未利用
150	横山白云岩矿床	驿城区朱古洞乡西横山，东经 113°56′25″，北纬 32°52′20″	含矿层位于辛集组，岩性为灰白色、淡黄色白云岩。含矿两层。上矿层长 3 000 m，一般厚 138.50 m。下矿层长 3 000 m，一般厚 46.73 m，最厚 57 m。矿石具不等粒结构，块状构造。有用矿物为白云石，矿石平均化学成分：CaO 30.62%，MgO 20.21%，SiO_2 3.06%，Al_2O_3 0.11% ~ 0.75%，P_2O_5 0.007% ~ 0.064%，Fe_2O_3 0.13% ~ 0.51%，MnO 0.003%。矿石属Ⅰ级熔剂白云岩	沉积变质型	中型矿床，地质储量为 4 658.5 万 t	初查	部分已开采利用

续表 4-10

图上编号	矿床（点）名称	位置	地质与矿床特征	成因	规模	研究程度	备注
151	乔庄白云岩矿点	泌阳县铜山乡乔庄一带，东经 113°34′18″，北纬 32°47′18″	矿床位于台山向斜西部，栾川群为含矿岩系，矿体只有一层，呈层状、似层状。产状 80°∠20°，长达数千米，最厚 50 m，一般 20~40 m，可采厚度 10 ~ 20 m，矿石品位：CaO 30.35%，MgO 21.21%，SiO_2 1.14%，N_2O_3 0.22%，Fe_2O_3 0.60%	沉积变质型	矿点	矿点检查	应进一步工作
152	毛旦山白云岩矿床	确山县三里河乡西南毛旦山，东经 113°56′04″，北纬 32°46′07″	含矿岩系为辛集组，矿体呈层状产出，长 850 m，厚 50~250 m，一般厚 150 m，矿层中有炭质片岩夹层。MgO 16.99% ~ 22.47%，SiO_2 < 0.62%，酸不溶物<0.61%	沉积变质型	大型，储量 C 级 7 058 万 t	普查	已部分开采
153	老虎头寨西白云岩矿点	确山县竹沟镇老虎头寨西，东经 113°39′43″，北纬 32°46′07″	含矿岩系为栾川群。岩性为白云岩、硅质条带白云岩，含矿两层，矿层长达 5 000 m 以上，厚 20~50 m，MgO 19.31%~20.78%，CaO 30.35~31.85	沉积变质型	矿点	矿点检查	应进一步工作
154	黑山白云岩矿床	确山县三里河乡南泉寺西南黑山，东经 113°56′22″，北纬 32°46′31″	含矿岩系为辛集组，岩性为白云岩、白云石大理岩。矿层长 600 m，厚度 150 m。MgO 19.22%~20.64%，Fe_2O_3 0.21%~0.72%	沉积变质型	小型，D 级储量 400 万 t	矿点检查	已开采利用

续表 4-10

图上编号	矿床(点)名称	位置	地质与矿床特征	成因	规模	研究程度	备注
155	杏树沟白云岩矿床	确山县瓦岗乡东南杏树沟，东经 113°53′49″，北纬 32°45′09″	含矿岩系为辛集组，岩性为白云石大理岩和炭质片岩，二矿层长 250~600 m，厚 20~150 m，一般厚 65 m，MgO 17.21%~21.74%	沉积变质型	大型矿床，储量 C+D 级 10 948.1 万 t	普查	部分已开采
156	秀山白云岩矿	确山县三里河乡秀山，东经 113°58′11″，北纬 32°50′15″	矿体主要为寒武系下统辛集组(∊1x)中上部的灰白色厚层白云岩及少量白云质灰岩、泥质条带灰岩。矿石结构构造单一	沉积变质型	矿点	普查	部分已开采利用
157	扁担山白云岩矿	确山县马沟扁担山，东经 114°07′57″，北纬 32°43′53″	矿体主要为寒武系下统辛集组(∊1x)中上部的灰白色厚层白云岩及少量白云质灰岩、泥质条带灰岩。矿石结构构造单一	沉积变质型	矿点	普查	部分已开采利用
158	莲花山白云岩矿	确山县普会寺乡马沟莲花山，东经 114°07′09″，北纬 32°43′01″	矿区出露的寒武系下统馒头组(∊1m)石灰岩为主要矿体，局部含灰、灰黄色板岩夹层。矿石的结构构造单一，主要为微粒—隐晶状结构、块状结构	沉积变质型	矿点	普查	部分已开采利用
159	玉石山白云岩矿	确山县普会寺乡丁庄村玉石山，东经 114°05′53″，北纬 32°43′31″	矿区出露上元古界洛峪口组白云质大理岩主要矿体。岩体走向 20°左右，覆盖层厚 2.5~3.0 m	沉积变质型	矿点	普查	部分已开采利用

续表 4-10

图上编号	矿床(点)名称	位置	地质与矿床特征	成因	规模	研究程度	备注
160	雷山白云岩矿	驿城区朱古洞乡里刘庄雷山,东经 113°56′46″,北纬 32°51′18″	矿体为寒武系朱砂洞组地层,呈厚层状产出。矿区内主要为灰、深灰色白云质灰岩,矿区内白云质灰岩呈层状产出。走向北西 295°,局部偏南西,倾向北东倾角 40°~60°,局部 75°。矿石呈块状构造,细粒变晶结构,以灰白—青灰色为主,部分呈杂色,中厚层产出,性脆,硬度小,矿物成分以方解石为主,含量 50%~70%,部分达到 80%,次为白云石,含量 10%~30%。少量石英、透辉石、透闪石、后期方解石及泥质物	沉积变质型	矿点	普查	部分已开采利用
161	吴楼南白石沟白云岩矿	驿城区胡庙乡吴楼南白石沟,东经 113°55′32″,北纬 32°54′07″	矿体为寒武系朱砂洞组地层,呈厚层状产出。矿区内主要为灰、深灰色白云质灰岩,矿区内白云质灰岩呈层状产出。走向北西 295°,局部偏南西,倾向北东倾角 40°~60°,局部 75°。矿石呈块状构造,细粒变晶结构,以灰白—青灰色为主,部分呈杂色,中厚层产出,性脆,硬度小,矿物成分以方解石为主,含量 50%~90%,次为白云石,含量 10%~30%。少量石英、透辉石、透闪石、后期方解石及泥质物	沉积变质型	矿点	普查	部分已开采利用

续表 4-10

图上编号	矿床（点）名称	位置	地质与矿床特征	成因	规模	研究程度	备注
162	北秀山白云岩矿	驿城区朱古洞乡北泉村北秀山，东经 113°58′35″，北纬 32°50′12″	矿体为寒武系辛集组地层，呈厚层状产出。矿区内主要为白云岩、白云质灰岩，呈层状或似层状产出。矿石呈块状或条带状构造，细粒变晶结构，以灰白—浅灰色为主，部分呈杂色，薄层—中厚层产出，性脆，硬度小，矿物成分以方解石为主，呈微粒状—细粒变晶结构集合体，方解石含量 50%~70%，次为白云石，含量 20%~50%。少量石英、透辉石、透闪石、后期方解石及泥质物，构造发育处呈细脉或网脉状构造	沉积变质型	矿点	普查	部分已开采利用
163	小王庄白云岩矿	遂平县嵖岈山乡赵庄村小王庄，东经 113°41′12″，北纬 33°09′36″	矿石呈块状、板状构造，细粒变晶结构。矿石化学成分不稳定。矿石一般含 CaO 15.4%~45.3%，MgO 0.5%~6.05%，SiO_2 40.6%~50.3%，K_2O 5.2%~6.3%，Na_2O 4.5%~5.6%，Fe_2O_3 1.2%~3.2%，Al_2O_3 2.13%~3.25%	沉积变质型	矿点	普查	部分已开采利用

五、化工灰岩

化工灰岩是岩石化学成分、技术指标都达到化学工业特殊要求的石灰岩，它除具一般石灰岩的用途外，主要用以制碱、电石、碳酸钙、碳酸钾和氮肥。

驻马店市仅有化工灰岩产地1处，即南山大型化工灰岩矿床。另外，在少数水泥灰岩矿中也有部分矿体达到了化工灰岩的要求。

南山大型化工灰岩矿床(164)位于确山县盘龙镇南山。京广铁路、107国道从矿区通过，交通十分方便。地理坐标：东经114°01′70″~114°11′13″，北纬32°47′46″~32°48′20″。

(一)矿床特征

矿区共两个矿层，矿体形态受控于背斜构造。矿体长1 200 m，出露宽400~600 m，厚47.73~155.16 m。北东翼矿层较南西翼矿层厚。矿石类型为石灰岩，主要组成矿物为结晶方解石。矿石质量沿走向和倾向都较稳定。矿体平均品位：CaO 54.47%~55.20%、MgO 0.51%、SiO_2 0.50%、SO_3 0.008%、P_2O_3 0.006%、Al_2O_3 0.48%，有害杂质含量小于工业允许含量的1%~10%，是优质化工原料。

(二)成因类型及远景评价

矿床成因类型为浅海沉积型，成矿时代为奥陶纪。1962年豫11队做过详查工作，探明储量C_1+C_2级(审批为D级)17 534万t，其中C_1级为5 981万t，剥采比1∶4.2。

六、含钾岩石

含钾岩石主要包括含钾玻屑凝灰岩、含钾黏板岩、钾长浅粒岩、含钾砂岩、页岩等。含钾岩石主要用来制钾肥(氯化钾、硫酸钾、碳酸钾、钾钙肥)及钙镁磷钾肥、钙镁钾肥等混合肥料。国内试制钾肥已取得较大进展，工艺技术上可行，随着科技的发展，含钾岩石必将对农业发展起到重大作用。

驻马店市含钾岩石资源较为丰富，计有产地8处，其中泌阳县分布3处、确山县分布5处，现以乔家庄大型含钾黏板岩矿床为例介绍如下。

乔家庄大型含钾黏板岩矿床(165)位于泌阳县城东北约55 km，隶属泌阳县下碑寺乡及象河乡管辖。矿区东起红石沟口，西至黑石寺以西，长约3 km，南北宽1 km，面积约3 km²。地理坐标：东经113°32′03″~113°34′03″，北纬33°07′31″~33°08′31″。

(一)矿床特征

含矿层位于上元古界洛峪群崔庄组下段第三岩性层。矿层部分裸露,以单面山地貌展布在老寨山—柯家庄后山的南坡。矿层总体呈稳定层状,总长达2 920 m,厚度一般在20~25 m,总体产状为184°∠29°、180°∠30°和195°∠27°。

矿石为含钾黏板岩,具变余泥状结构和显微细鳞片变晶结构,斑点状、板状、条带状构造。

矿石矿物成分经X衍射分析,主要矿物为黏土矿物,次为石英、黑云母、钾长石、斜长石,副矿物为电气石、磁铁矿等。矿石化学成分较稳定,其特征是:SiO_2 61.40%~63.08%,K_2O 7.28%~12.00%,Al_2O_3 6.45%~17.24%,Fe_2O_3 2.96%~4.28%,FeO 1.51%~2.42%,MgO 1.9%~2.58%,CaO 0.33%~0.49%,Na_2O 0.14%~0.18%,F^- 895×10^{-6}~$1\ 275\times10^{-6}$,As 1.33×10^{-6}~5.08×10^{-6}。其中有益组分K_2O的平均品位为9.70%,主要赋存于绢云母中,次为钾长石、黑云母、伊利石中。矿层顶、底板岩性均为石英砂岩。

(二)成因及评价

矿床成因属滨海—浅海相火山凝灰沉积变质型。1994年河南省地矿厅地调三队对该矿区进行了勘探,提交平衡表内B+C+D级矿石量1 819.26万t,其中B级295.91万t,B~C级1 075.98万t,另外求得崩积矿层矿石量59.60万t。因勘探区仅限于第二钾矿层的一部分,预测本区(40 km^2)远景地质储量达10亿t以上,属大型含钾岩石矿床。

其他含钾岩石矿床的基本情况见表4-11。

表4-11　含钾岩石矿产一览表

图上编号	矿床(点)名称	位置	地质与矿床特征	成因	规模	研究程度	备注
166	胡庙含钾岩石矿点	驿城区胡庙,东经113°53′00″~114°00′00″,北纬32°48′01″~32°56′29″	矿体严格受晚元古界崔庄组含钾黏板岩控制,呈北北西340°方向分布。矿体长11 500 m,宽25~293 m,矿石分析结果:K_2O平均为7.39%,最高10.10%,SiO_2 62.13%,Al_2O_3 17.37%,Fe_2O_3 3.73%,FeO 1.89%,MgO 2.35%,Na_2O 0.15%	滨海相陆源沉积型	矿点,表外储量5.33亿t	普查	品位低的工业暂不能利用

续表 4-11

图上编号	矿床（点）名称	位置	地质与矿床特征	成因	规模	研究程度	备注
167	毛茅沟钾长浅粒岩矿点	泌阳县铜山乡杨庄毛茅沟一带，东经 113°31′50″，北纬 32°47′41″	产于汝阳群上部，矿体呈层状、似层状产于白云片岩、白云石英片岩及石英岩中。主矿体长 2 000 m 以上，厚 20 m 以上，矿石为钾长浅粒岩，粒状变晶结构，平行及块状构造，K_2O 平均含量 10%左右	滨海相沉积型	矿点	踏勘	未开发
168	苏庄钾长浅粒岩矿点	泌阳县铜山乡苏庄北，东经 113°34 ′25″，北纬 32°47′28″	含矿岩系为汝阳群，其原岩为碎屑岩中的粉砂岩，矿体有数层，产状 45°∠32°，矿体延长达 2 000 m 以上，宽 7~12 m，呈层状、似层状，矿物成分主要由微斜长石、石英、云母组成，平均化学成分：K_2O 10.06%，SiO_2 73.78%，Na_2O 0.24%	滨海相沉积型	矿点	踏勘	暂未开发
169	周庄含钾岩石矿点	确山县竹沟镇周庄东，东经 113°39′15″，北纬 32°46′21″	位于邓庄铺背斜北东翼，出露地层为汝阳群，岩性为石英岩、二云石英片岩夹钾长浅粒岩，矿层为钾长浅粒岩，具稳定的层位，断续出露。矿体最厚 3 m，最薄 1 m。矿体主要由微斜长石(75%)、石英、云母、电气石组成，细粒变晶结构，块状构造	沉积变质型	矿点	踏勘	可进一步开展工作

续表 4-11

图上编号	矿床（点）名称	位置	地质与矿床特征	成因	规模	研究程度	备注
170	拐头山含钾岩石矿点	确山县石滚河乡东拐头山，东经 113°44′12″，北纬 32°43′24″	位于邓庄铺北东翼，岩性为钾长浅粒岩、石英岩及二云石英片岩。钾长浅粒岩为矿层，有 1～4 层，长 100 m，最厚 5 m，一般 2.5 m，最薄几十厘米，矿体呈层状、似层状、透镜状，产状 30°∠35°，矿物以微斜长石为主，次为钾长石、石英，少量云母。粒状变晶结构，块状构造。K_2O 10%	沉积变质型	矿点	踏勘	可进一步开展工作
171	大连庄含钾岩石矿点	确山县任店镇西南大连庄，东经 113°57′09″，北纬 32°39′00″	出露地层为汝阳群白草坪组长石石英岩、片状石英岩夹钾长浅粒岩。含矿层为钾长浅粒岩，断续长几十千米，宽 30～50 m。单矿体长 110 m，宽几米至十几米，呈似层状、透镜状产出。K_2O 11.8%，Na_2O 0.27%	沉积变质型	矿点	踏勘	可进一步开展工作
172	大金山钾长浅粒岩矿点	确山县顺山店乡北大金山，东经 114°06′15″，北纬 32°37′10″	出露地层为汝阳群，主要岩性有钾长浅粒岩、白云石英片岩及石英岩、大理岩。含矿岩系为白草坪组浅肉红色钾长浅粒岩。矿体长 600 m，宽 2～11.3 m，产状 35°∠61°。矿石化学成分：K_2O 10.7%～12.32%，SiO_2 71.48%～73%，Al_2O_3 13.0%～14.18%，CaO 0.16%～0.53%，Na_2O 0.12%～0.5%	滨海相沉积型	矿点	踏勘	未开发

七、钾长石

钾长石(见图 4-16)是一种富含钾的硅酸盐矿物,具有熔点不高、熔融间隔大、熔融液黏度高等特点,广泛用于陶瓷、玻璃工业。

图 4-16　钾长石

已知钾长石矿产地 4 处,其中小型矿床 3 处,均分布于泌阳县;矿点 1 处,分布于确山县,现以梁湾小型钾长石矿床为代表简述其特征如下。

梁湾小型钾长石矿床(173)位于泌阳县马谷田镇梁湾一带,地理坐标:东经 113°16′40″~113°18′07″,北纬 32°35′52″~32°36′57″。

矿床位于燕山晚期梁湾花岗岩体内,钾长石矿赋存于岩体内的花岗伟晶岩脉中,矿区分布伟晶岩脉 18 条,对其中脉体较大的 2 条进行了揭露和取样。

矿石为含钾长石的花岗伟晶岩,肉红色,伟晶结构,块状构造和条带状构造。矿物成分:钾长石 65%~70%,石英 20%~25%。花岗岩团块占 5%~10%,钾长石呈不规则块状,块径 10 cm×20 cm~30 cm×50 cm;石英呈团块状或脉状,分布于钾长石间,脉状石英多分布于脉体底壁或中央,厚 0.1~1.70 m;花岗岩团块很不规则,块径 0.15~0.8 m,近脉壁多,中间少。矿石化学成分:K_2O 12.56%,Na_2O 2.6%,Fe_2O_3 0.3%,Al_2O_3 17.97%,SiO_2 65.16%,TiO_2 0.03%,CaO 0.38%,烧失量 0.47%。除 Fe_2O_3 略高于下达工业指标外,K_2O、Na_2O、Al_2O_3 等均达工业指标要求。

储量计算求得钾长石量为 2.95 万 t。

其他 3 个钾长石矿床特征见表 4-12。

表 4-12　钾长石矿产一览表

图上编号	矿床（点）名称	位置	地质与矿床特征	成因	规模	研究程度	备注
174	王楼小型钾长石矿床	泌阳县东北角子山王楼	钾长石矿赋存于角子山花岗岩体内的伟晶岩脉中，已圈出脉体 5 条，王楼一条长 200 m，宽 1～10 m，化学分析：K_2O 8.03%，Na_2O 4.55%，Fe_2O_3 0.96%，估算地质储量 10 万 t	伟晶脉型	小型	矿点检查	部分已开采
175	楼房沟小型钾长石矿床	泌阳县贾楼乡楼房沟	矿体产于元古界混合花岗岩内的伟晶脉中，已圈出脉十余条，一般长百余米至千米，宽 0.3～1 m，脉体含钾长石量变化较大。化学分析：K_2O 8.72%～11.87%，Fe_2O_3 0.25%～0.48%，估算地质储量 10 万 t	伟晶脉型	小型	矿点检查	已开采利用
176	锣鼓冲钾长石矿点	确山县任店镇西南锣鼓冲凤沟，东经 113°55′34″，北纬 32°36′36″	地层为熊耳群，在凤沟脉石英矿区南侧，有一长约 200 m、宽 0.3～1.0 m 的钾长石脉，化学分析：K_2O 14.4%，Na_2O 0.3%，SiO_2 62.62%，Al_2O_3 17.99%，Fe_2O_3 1.52%，烧失量 0.82%	伟晶脉型	矿点	踏勘	

八、磷矿石

图 4-17　磷矿石

磷矿石(见图4-17)是一种重要的化工矿物原料,主要用以制造磷肥,部分用作化工原料,用以提取黄磷、赤磷、磷酸及其他磷酸盐的矿物原料。赤磷用于制火柴;黄磷有剧毒,用于制农药;磷酸盐用于制糖,以及陶瓷、玻璃、纺织、国防、半导体、冶金等工业部门。

驻马店市已知磷矿产地5处,其中小型矿床2处、矿点3处,它们分别分布于确山、遂平、泌阳等县,下面以杜庄小型磷矿床为例简述之。

杜庄小型磷矿床(177)位于驿城区胡庙乡东南吴楼—杜庄一带,地理坐标:东经113°54′30″~113°56′30″,北纬32°52′30″~32°55′00″。

磷矿层主要赋存于辛集组砂岩、泥岩之中,共有5个含矿层。

矿床成因类型为浅海相沉积变质矿床,成矿时代为早寒武世。

河南地质八队1976年4月详查,按工业品位 P_2O_5 含量6%,求得全区表内矿石平均品位 P_2O_5 7.52%,D级储量132.08万t。按边界品位 P_2O_5 4%,全区平均 P_2O_5 4.62%,求得表外储量946.33万t,矿床规模为小型磷矿床。

该矿床目前尚未利用。

其他磷矿床(点)基本情况见表4-13。

表4-13　磷矿矿产一览表

图上编号	矿床(点)名称	位置	地质与矿床特征	成因	规模	研究程度	备注
178	庄胡磷矿点	遂平县嵖岈山乡庄胡	含矿岩系为辛集组下部的细砂岩和砂质页岩。矿石分两种:砂质砾状磷块岩层长1 300 m,厚0.1 m,P_2O_5 含量16%~32.3%,含磷砂岩层0.78~7.82 m,P_2O_5 含量6.47%~8.81%	沉积变质型	矿点,地质储量4.9万t	普查	暂未利用

续表 4-13

图上编号	矿床(点)名称	位置	地质与矿床特征	成因	规模	研究程度	备注
179	凤凰山磷矿点	遂平县嵖岈山乡凤凰山	矿层产于辛集组下部，岩性为条带状细粒石英砂岩、泥质页岩、含磷砂岩夹页岩，底部为砂质砾状磷矿层，厚 10 m，共两层矿：①砂质砾状磷块岩，长 600 m，厚 0.2～0.5 m，P_2O_5 含量 27.22%。②含磷砂岩层，长 350 m，厚 2.4～7.28 m，P_2O_5 含量 5%～8%	沉积变质型	矿点，C2 级储量 62 万 t	普查	暂未利用
180	台山小型磷矿床	泌阳县铜山乡台山，东经 113°34′00″～113°34′40″，北纬 32°27′50″～32°48′25″	矿体围岩为栾川群片岩及白云质大理岩，共有 5 个矿体：1 号矿体长 250 m，厚 8.88 m，P_2O_5 含量 3.49%；2 号矿体长 0.80 m，厚 4.2 m，P_2O_5 含量 2.49%；3 号矿体长 42 m，厚 9.51 m，P_2O_5 含量 3.45%；5 号矿体长 44 m，厚 8.65 m，P_2O_5 含量 3.42%	沉积变质型	小型，D 级矿石量 127.8 万 t	普查	暂未利用
181	蒸馍山小型磷矿床	确山县城南蒸馍山，东经 114°01′17″，北纬 32°47′48″	含磷矿层位于辛集组千枚状板岩顶部的断裂破碎带中，有两个含磷层：下含磷层长 226 m，产状 219°～320°∠36°～70°。上含磷层长 200 m，厚 4.5 m，产状 222°～255°∠36°～85°。角砾状磷矿石品位 P_2O_5 5.05%～21.1%，黏土质磷矿石品位 P_2O_5 4.01%～8.48%，高岭土质磷矿石品位：P_2O_5 4.85%～19.56%	以沉积变质型为主	矿点，地质储量 19.4 万 t	普查	暂未利用

九、含硼泥岩

硼矿是一种用途广泛的化工原料，用以制硼砂、硼酸、硼的各种化合物和元素硼，还用以制造硼素肥料。硼与氢、锂等的化合物能燃烧，是火箭等航天器的高能喷气燃料。硼还大量用于玻璃、陶瓷工业。

含硼泥岩产地仅1处，分布于驿城区。

胡庙含硼泥岩矿化点(182)位于驿城区胡庙乡西南约2.5 km的黄湾村，地理坐标：东经113°53′2″，北纬32°55′38″。

矿化赋存于北大尖组青灰色泥岩中。矿化体出露长约700 m，宽约30 m，厚5~10 m。

泥岩层质地细腻，有滑感，主要成分为黏土质，呈泥质结构。据拣块样化学分析结果：SiO_2 61.28%、Al_2O_3 16.1%、MgO 2.19%、Fe_2O_3 9.4%、TiO_2 0.63%、MnO 0.40%、P_2O_5 0.023%、FeO 0.06%、K_2O 5.0%~6.55%、Na_2O 0.3%、LOS 3.39%，光谱分析结果：B 330×10^{-6}~100×10^{-6}、Mo 1.8×10^{-6}~5×10^{-6}、Zn 130×10^{-6}~180×10^{-6}、Mn $4\,000\times10^{-6}$、Ca 8×10^{-6}~50×10^{-6}、Y 16×10^{-6}~40×10^{-6}、La 30×10^{-6}~70×10^{-6}。

矿床成因类型为沉积变质型，成矿时代为中元古代，矿化具一定的规模，但由于工作程度低，目前暂未发现较富的工业矿体。

十、重晶石

重晶石(见图4-18)是制取钡和钡化物的重要工业矿物原料，它们具有比重大、硬度低、性脆的特点。含钡的化学品主要用于白色颜料、橡胶填料、医药、制糖、陶瓷、光学玻璃、制革、军工等方面。重晶石具有吸附γ辐射性能，主要用作核反应堆屏蔽、科研及医院防X射线建筑物。

图4-18 重晶石

驻马店市重晶石产地仅1处，现介绍如下。

磨镰石沟重晶石矿点(183)位于确山县石滚河乡陈冲村磨镰石沟北东，其地理坐标：东经113°48′45″，北纬32°41′50″。

重晶石矿化发育在北西向断裂破碎带内，矿体呈透镜状、脉状，出露长20余m，宽1.5~2.0 m，延深约2.5 m，产状40°∠55°~60°，向东尖灭，在主矿体两侧发育有宽0.1~0.3 m的小矿脉,矿体顶板为石英岩,底板为绢云石英片岩。

矿石矿物为重晶石,呈白色、灰白色,结晶较好,解理清晰,脉石矿物为石英、绢云母、褐铁矿、方解石等。矿石具自形—半自形晶粒状结构,脉状、角砾状构造。透镜状矿体重晶石含量为85%~90%,脉状矿体重晶石含量为45%~50%。围岩蚀变主要为绢云母化。

矿床成因类型为热液充填型。成矿时代为燕山晚期。该矿点重晶石含量高,但规模小,现已基本采完。

十一、蛇纹石

蛇纹石(见图4-19)是富含镁的硅酸盐矿物,在化肥工业上,主要用于制作钙镁磷肥,还可作为提取镁化合物和泻利盐的原料。在冶金工业中用来冶炼金属镁和作为冶金助熔剂,亦可作为耐火材料。

图4-19　蛇纹石

驻马店市蛇纹石产地仅1处,现介绍如下。

大高庄小型矿床(184)分布于泌阳县官庄乡大高庄一带。地理坐标:东经113°20′42″,北纬32°52′00″。

蛇纹石是由斜辉橄榄岩蚀变而成的。大高庄一带超基性岩体出露于羊册韧性剪切带西南约1.6 km处,是黄岗—王岗杂岩带的西延部分。杂岩带除超基性岩外,还有辉长岩、闪长岩。超基性岩已全部蚀变为蛇纹岩,呈包体状产于变辉长岩中,共有5个矿体,沿北北西方向呈带状分布,Ⅰ~Ⅴ矿体由北向南依次排列,断续长达2.2 km。以上4个矿体总计远景储量559.55万t,MgO平均含量35.52%,CaO平均含量2.33%,符合制作钙镁磷肥的工业要求。各矿体中的NiO平均含量达0.23%,为硅酸镍,可在制钙镁磷肥时综合回收。各矿体多被第四系残积层覆盖,唯1号矿体覆盖最薄,约4 m,开采利用较方便,其余矿体由于埋藏较深,均在19 m以下,加之面积又小,不易露天开采。

十二、黄铁矿石

黄铁矿石(见图4-20)主要用以制硫酸和硫黄,是化工、农药、医药、炸药、冶金、造纸、石油等工业部门的重要原料。高品位的黄铁矿烧渣可用于炼铁，低品位的烧渣可用作普通硅酸盐水泥的铁质校正原料。

驻马店市黄铁矿点一处，位于泌阳县，现介绍如下。

黑山沟黄铁矿点(185)位于泌阳县马谷田镇，其地理坐标：东经113°18′45″，北纬32°35′30″。

图4-20　黄铁矿石

矿体发育于下古生界张家大庄组的透闪阳起角斑岩中，矿化地段岩石破碎，片理发育。岩石具硅化、褐铁矿化、黄钾铁矾等蚀变，矿体长45~75 m，原生黄铁矿呈星散状均匀分布在蚀变闪长玢岩中，矿石品位较富；另一种产在氧化蚀变的闪斜煌斑岩中，矿石品位较贫。矿物成分为黄铁矿、褐铁矿、钛铁矿、磁铁矿及黄铜矿等。矿石品位S含量10%~20%。经泌阳县工业局地质队1960年普查，按边界品位6%以上，最低工业品位10%，最低可采厚度为1 m圈定矿体，矿石储量C1级4.08万t，C2级11.89万t。

十三、石墨

石墨是碳元素的结晶矿物之一，具有润滑性、化学稳定性、耐高温、导电、特殊的导热性和可塑性、涂敷性等优良性能，其应用领域十分广泛。石墨在冶金工业中主要用作耐火材料；在铸造业中用作铸模和防锈涂料；在电气工业中用于生产碳素电极、电极碳棒、电池；在机械工业中用作润滑剂；在核工业中用作原子反应堆中的中子减速剂和防护材料等；在航天工业中可用作火箭发动机尾喷管喉衬。此外，石墨还是轻工业中玻璃和造纸的磨光剂和防锈剂，制造铅笔、墨汁、黑漆、油墨和人造金刚石的原料。

驻马店市已知石墨矿产地仅1处，分布于确山县，现介绍如下。

确山县黑山西石墨矿(186)位于确山县瓦岗乡，地理坐标：东经113°55′24″，北纬32°46′37″。

矿区出露地层为下古生界寒武系下统辛集组($\in_1x$)，区内岩性组合比较单一和稳定，底部以黑色炭质绢云片岩为标志层。

矿物成分以石墨为主，结晶较好，晶体微粒大于1 μm，品位为60%~80%、灰分为15%~22%、挥发分为1%~2%、水分为2%~7%。

该矿体现已开采。

十四、天然碱

图 4-21　天然碱

天然碱(见图 4-21)是生产重质纯碱的主要原材料,纯碱可广泛应用于玻璃制造、造纸、纺织、印染等行业。

驻马店市天然碱矿目前查明一处,位于泌阳县高店,现介绍如下。

泌阳县高店碱矿(187)位于泌阳县高店—安棚一带,高店乡肖湾村委,地理坐标:东经 113°12′00″~113°15′00″,北纬 32°34′00″~32°36′00″。

泌阳县高店碱矿产出地层位于泌阳凹陷内前姚庄—安棚一带的核(核桃园)一段上部至核二段下部。顶、底板岩性为泥质白云岩、白云质泥岩,厚度达上千米,埋深 1 500~2 800 m。

经泌 2 井试采取样分析,其天然碱纯度较高,质量很好,包括碱卤水和固体碱矿,且伴生 B_2O_3、LiCl、K_2CO_3 等有益组分并已达工业品位或边界品位。经地质勘探,已探明储量达 1 000 万 t 以上。

该矿具有埋藏深、杂质少、品位高等特点。目前未开发利用。

十五、水晶

分布于驻马店市的特种非金属矿产仅有水晶一种,产地 6 处,其中泌阳县分布 5 处、确山县分布 1 处。由于地质工作程度较低,各处皆为矿化点,且有用品多被前人采空。

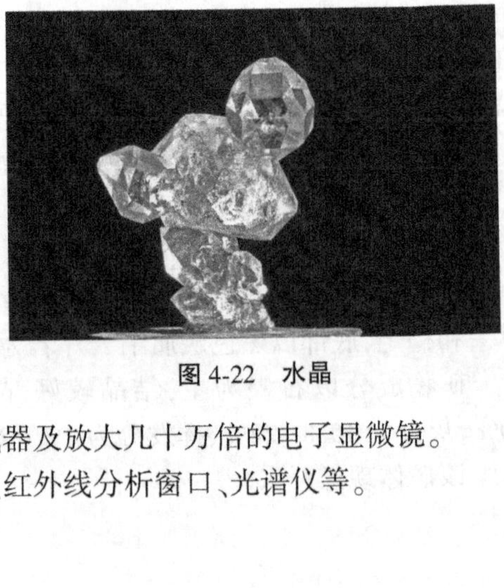
图 4-22　水晶

水晶(见图 4-22)是透明的石英晶体,一般无色,按其特性和工业用途分为压电水晶、光学水晶、溶炼水晶及工艺水晶四种。

压电水晶是无缺陷的水晶单晶,具有压电效应的特性,广泛用于自动武器,超音速飞机、导弹、核武器及放大几十万倍的电子显微镜。

光学水晶用于制造石英折射计、红外线分析窗口、光谱仪等。

溶炼水晶主要制造各种石英玻璃制品及生产人造水晶。

工艺水晶为制造水晶眼镜片、工艺品的原料。

据历史资料，泌阳县水晶开采已有百年历史，用作眼镜石久已驰名。水晶的主要品种有茶色水晶和无色透明水晶两种，沿产地河流亦时有水晶冲出。现以竹林水晶矿化点为例来介绍。

竹林水晶矿化点(188)位于泌阳县付庄乡竹林、董庄一带，地理坐标：东经113°27′00″~113°31′40″，北纬32°54′00″~32°56′30″。

水晶形状较复杂，有柱状及短柱状，少量呈塔状，晶面发育。晶体大者内径12 cm，高15 cm，小者内径数米，一般内径1 cm，高2 cm，透明度较好(内径小于1 cm较为透明)。晶体的主要缺点为绵雾较多，此外尚见有巴西、道芬双晶及节瘤、裂隙等。暂未发现可用晶。

经普查，认为矿床成因类型为多晶洞热液石英脉型水晶矿，其他各水晶矿化点特征见表4-14。

表4-14　水晶矿产一览表

图上编号	矿床(点)名称	位置	地质与矿床特征	成因	规模	研究程度	备注
189	象阳关水晶矿化点	泌阳县象河乡何庄，东经113°27′49″，北纬33°07′30″	石英脉呈群状分布于角子山花岗岩体西缘，共23条，一般长度30~50 m，宽0.5~0.8 m，晶洞为分泌型，最大者断面为20 cm×7 cm，晶体较小，内径一般为0.3 cm，高1~1.5 cm。未见可用晶	中低温热液石英脉型	矿化点	矿点检查	前人采空
190	许小庄水晶矿化点	泌阳县板桥乡许小庄，东经113°31′00″~113°39′00″，北纬33°03′40″~32°08′00″	①含水晶伟晶岩脉：分布于角子山花岗岩体内，共139条，一般直径2~5 cm，深8 m，形状多为桶状。②晶洞：为单晶洞型，大者70 cm×40 cm，小者4 cm×4 cm。③晶体：多为茶色，少数白色，为柱状、短柱状，内径一般为1 cm，高2 cm，最大内径13 cm，高30 cm，微透明—透明	中低温热液型	矿化点	普查	未见可用晶

续表 4-14

图上编号	矿床（点）名称	位置	地质与矿床特征	成因	规模	研究程度	备注
191	大后庄水晶矿化点	泌阳县羊册镇大后庄，东经 113°15′36″，北纬 32°56′53″	含矿岩石为条带状大理岩，矿脉为一稳定的透镜体，长 10.5 m，宽 0.9 m，往下延深 1.5 m。产于大理岩中，无晶洞，晶体直接成六方单锥生于方解石脉中，半透明，内径 1.4~5 cm	碳酸盐型	矿化点	矿点检查	未见可用晶
192	扒头山水晶矿化点	确山县竹沟镇扒头山，东经 113°40′49″，北纬 32°48′52″	早元古代花岗岩（γ_2）大面积分布，含晶石英脉即侵入于其中，含晶石英脉已发现 30 条。长一般几十米，最大者超过 680 m，晶洞为分泌型及构造裂隙内残留型两种。前者内径一般为 10 cm，后者内径一般为 20 cm。水晶晶体较透明，形态一般多为柱状，内径为 5 ~ 10 mm，高 20 ~ 300 mm	中低温热液石英脉型	矿化点	普查	现已采完
193	铜山水晶矿化点	泌阳县铜山乡铜山，东经 113°30′23″~113°39′00″，北纬 32°39′12″~32°45′12″	伟晶岩脉位于花岗岩体内，共见伟晶脉 36 条，筒状者直径 1 ~ 4 m，透镜状者长数米至数十米，往下延伸小于 10 m，没发现新晶洞。据老洞晶体碎块观察多为茶晶。一般内径 1 cm，最大内径大于 3 cm	共生囊状单晶洞伟晶	矿化点	矿点检查	已采完

十六、水泥灰岩

水泥灰岩是一种碳酸盐岩石,其化学成分满足工业上生产水泥的要求,是建材工业生产水泥的主要原料。

区内共有水泥灰岩产地10处,其中中型2处、小型7处、矿点1处。现已探明储量1.5亿t,估算远景储量大于2亿t。它们均分布于确山县。是驻马店市及邻区重要的水泥、石灰原料。现以金牛山中型矿床和秀山小型矿床介绍如下。

(一)金牛山中型水泥灰岩矿床(194)

金牛山中型水泥灰岩矿床(194)位于确山普会寺乡金牛山—扁担山一带。矿区距京广铁路、107国道约10 km,且有简易公路相通,交通比较方便。地理坐标:东经114°06′25″~114°18′30″,北纬32°42′55″~32°44′40″。

1. 矿床地质特征

水泥灰岩矿体赋存于经张夏组第二至四岩性段中。矿体呈层状、似层状及透镜状,出露长约1 800 m,有3层矿,可分为金牛山和扁担山两个矿段。

矿石具隐晶质结构,鲕状、豆状结构,条带状构造、块状构造。主要矿物成分为方解石,含有少量白云母、泥质、黏土质。

2. 成因及远景评价

矿床成因类型为沉积型,成矿时代为中寒武世。

据河南省地矿厅地调三队1985年提交的《河南省确山县金牛山水泥灰岩地质勘探报告》,矿体稳定,规模较大,矿石储量B+C+D级5 667万t,为一中型矿床。现正在开采。

(二)秀山小型水泥灰岩矿床(195)

秀山小型水泥灰岩矿床(195)位于驿城区秀山。矿区与县城有公路相通,距京广铁路、107国道约5 km,矿区中心地理坐标:东经113°58′28″,北纬32°49′55″。

1. 矿床地质特征

水泥炭岩赋存于寒武系下统辛集组岩层中,按矿体地表露头情况分为东、西2个矿段,各含矿3层。

2. 成因及远景评价

矿床成因类型为沉积变质型,成矿时代为早寒武世。据河南省地矿厅地调三队1985年提交的《河南省确山县秀山水泥灰岩地质勘查报告》,该矿床工业储量为400.9万t、远景储量150.4万t,总计551.3万t,为一小型矿床,现正在开采之中。其余8处水泥灰岩矿床的基本情况见表4-15。

表4-15 水泥灰岩矿产一览表

图上编号	矿床(点)名称	位置	地质与矿床特征	成因	规模	研究程度	备注
196	面灌山水泥灰岩矿床	确山县三里河乡中常店村美女(计)山西北，东经113°55′35″，北纬32°48′30″	水泥灰岩矿层赋存于辛集组灰白色大理岩中。矿层出露北西长500~600 m，南西宽200~250 m。厚7~9 m。矿物成分主要为方解石，细—中粒变晶结构，块状构造。矿石品位：CaO 54.27%，MgO 0.61%，K_2O 0.14%，SO_3 0.007%	沉积变质型	小型矿床	矿点检查	部分已开采
197	黑山水泥灰岩矿点	确山县三里河乡黑山南东道士庄北西，东经113°57′26″，北纬32°45′46″	矿层为辛集组灰黑色条带状大理岩，细—中粒变晶结构，条带状构造，矿层出露断续长约600 m，宽度大于100 m，厚6~7 m，产状10°∠63°。北侧山梁矿体宽30~50 m，厚10 m，两矿体间距约35 m。矿石品位：CaO 49.25%，MgO 3.5%，K_2O 0.08%，SO_3 0.21%	沉积变质型	矿点	矿点检查	规模小MgO含量高
198	卧牛山水泥灰岩矿床	确山县刘店乡南古卧牛山，东经114°07′58″，北纬32°45′26″	含矿层为奥陶系中统角砾状粉晶灰岩、泥晶灰岩夹白云质灰岩，有两层矿：Ca1矿层，出露长200 m，宽140 m，厚约60 m，倾向北东，平均品位Ca 50.83%，MgO 1.71%，SO_2 2.09%；Ca2矿层：出露长180 m，宽140 m，厚约25 m，倾向北东，平均品位CaO 48.74%，MgO 0.81%，SO_2 5.58%	沉积型	中型矿床，卧牛山段E级745.61万t，独山段D级1 102.2万t	普查	条件好，需进一步工作

续表 4-15

图上编号	矿床（点）名称	位置	地质与矿床特征	成因	规模	研究程度	备注
199	尖山水泥灰岩	确山县普会寺乡北东尖山，东经 113°06′23″，北纬 32°44′44″	矿层为张夏组青灰色含鲕粒灰岩，中厚层状，长 490 m，宽 151 m，沿走向北西变薄，南东增厚，其中有厚 0.5～20 m 的粉砂质页岩夹层，矿层产状 50°∠15°～70°。矿石具变鲕粒结构，纹理条带状构造。矿石平均化学成分：CaO 50.75%，MgO 2.29%，SiO_2 2.38%～3.59%，Fe_2O_3 0.5%～0.95%，K_2O 0.23%～0.37%，Al_2O_3 0.85%～1.38%，LOS 40.78%～42.46%	沉积型	中型矿床，普查储量 D 级 114 万 t	普查	部分已开采
200	张冲煤窑水泥灰岩矿	确山县任店镇张冲西北煤窑，东经 113°55′52″，北纬 32°44′44″	含矿岩系为辛集组结晶灰岩、白云质灰岩。岩层产状为 20°～43°∠24°～33°，矿层北西向出露长约 750 m，宽约 150 m，顶板为白云质灰岩，底板为角砾状白云质灰岩，有一层厚 0.3～0.6 m 的页岩夹层。矿石品位：CaO 52.06%～53.35%，MgO 1.29%～1.62%，K_2O 0.08%，SO_3 0.008 2%～0.01%	沉积变质型	小型矿床，估算储量约 280 万 t	矿点检查	矿石质量好，可进一步开展工作

续表 4-15

图上编号	矿床(点)名称	位置	地质与矿床特征	成因	规模	研究程度	备注
201	兰冲水泥灰岩矿	确山县任店镇北西兰冲,东经 113°57′13″,北纬 32°44′55″	含矿岩系为辛集组灰岩、条带状灰岩及白云岩。岩层倾向南西向。倾角 20°~60°。有两层矿,Ca1 矿层长 380 m,宽 55~95 m,厚 30~60 m,倾向南西西,倾角 20°~60°;Ca2 矿层位于 Ca1 之上,长 150 m,宽 70 m,厚 35 m,倾向南西西。倾角 15°~35°。矿石呈隐晶质—细晶粒状(变晶)结构,块状、条带状构造,平均化学成分:CaO 48.83%,MgO 1.46%。Ⅰ级品矿石占 70%,矿层中有 12~15 m 厚的页岩夹层	沉积变质型	小型矿床,储量 482.23 万 t	普查	可进一步开展工作
202	莲花山水泥灰岩矿床	确山县普会寺乡北东莲花山,东经 114°06′01″,北纬 32°44′07″	含矿岩系为张夏组灰岩、白云质灰岩、条带状灰岩、鲕状灰岩。莲花山向斜轴呈北西向,位于矿区中部。区内有两个矿体,Ⅰ号矿体由中厚层鲕状灰岩组成,呈层状,长 290 m,宽 74.25 m,厚 19.09 m。产状 240°∠40°~59°。化学成分:CaO 50.6%,MgO 1.86%,SiO_2 3.8%,Fe_2O_3 0.66%,Al_2O_3 0.89%,K_2O 0.44%,Na_2O 0.062%,SO_2 0.18%,LOS 41.33%。Ⅱ号矿体分上、下两层,由中厚层状含鲕灰岩及薄层灰岩组成。上矿层长 220 m,宽 57.75 m,厚 19.5 m;下矿层长 740 m,宽 119.03 m,厚 37.89 m,化学成分:CaO 50.4%,MgO 2.65%,SiO_2 3.61%,Al_2O_3 0.79%,Fe_2O_3 0.7%,K_2O 0.273%,Na_2O 0.063%,SO_3 0.24%,LOS 41.43%	沉积型	小型矿床,D 级储量为 1 062.87 万 t	普查	可进一步开展工作

续表 4-15

图上编号	矿床(点)名称	位置	地质与矿床特征	成因	规模	研究程度	备注
203	后胥山水泥灰岩	确山县刘店乡南后胥山,东经 114°09′00″,北纬 32°43′57″	含矿岩系为奥陶系中统(Q_2)石灰岩,含矿一层,长 360 m,宽 290 m,厚约 100 m。矿层倾向北东,倾角陡倾。其中有两层夹层。矿石平均品位:CaO 55.55%,MgO 0.84%,K_2O+Na_2O 0.27%	沉积型	小型矿床,地质储量 921.86 万 t	普查	可进一步开展工作

十七、水泥黏土

水泥黏土是制造水泥的原料之一,其与水泥灰岩及其他配料按适当比例配合,经磨制、锻烧而制成水泥。

驻马店市水泥黏土经地质勘查已发现 4 处产地,其中大型 1 处、中型 2 处、小型 1 处,均分布于确山县境内。现以洪虎山中型水泥黏土矿床为例简述其特征。

洪虎山中型水泥黏土矿床(204)位于确山县三里河乡潘庄东洪虎山。地理坐标:东经 114°02′45″,北纬 32°46′20″。

(一)矿床地质特征

水泥黏土层为连续沉积的单一层状矿体,按其分布位置、出露标高及自然排水情况,划分为洪虎山南侧和北侧两层矿。

黏土矿化学成分比较稳定:变化幅度不大,以Ⅰ类矿石硅酸率偏高为特点。Ⅰ、Ⅱ类矿石平均化学成分:SiO_2 68.43%,Al_2O_3 14.53%,Fe_2O_3 5.43%,CaO 0.7%,MgO 1.16 %,K_2O+Na_2O 3.54%,SO_3 0.023%,Cl^- 0.003%,烧失量 4.47%,硅酸率 3.42,铝氧率 2.68。

(二)矿床成因及远景评价

矿床成因类型为沉积型。该矿床经地质勘探,共求得表内储量 B 级 95.78 万 t,C 级 336.97 万 t,D 级 51.86 万 t,合计为 484.61 万 t,表外储量 C 级 30.19 万 t,D 级 10.66 万 t,合计为 40.85 万 t。

其他水泥黏土矿的基本情况见表 4-16。

表 4-16　水泥黏土矿产一览表

图上编号	矿床(点)名称	位置	地质与矿床特征	成因	规模	研究程度	备注
205	秀山水泥黏土矿	确山县城西北 9 km,朱古洞乡西南王庄,东经 113°56′35″,北纬 32°51′40″	含矿岩系中更新统亚黏土夹 1~3 层透镜状砾石层。产状近水平,厚度大于 15 m。东部矿层由褐黄色黏土夹 1~2 层透镜状砾石层组成。平均化学成分:SiO_2 69.9%,Al_2O_3 14.17%,Fe_2O_3 4.98%,硅酸率 3.65,铝氧率 2.67~3.02,塑性指数 15.6。小于 4 900 孔径的含量 98.5%~100%。西部矿层由黄褐色亚黏土夹透镜状砾石层、砖红色黏土组成。平均化学成分:SiO_2 68.46%,Al_2O_3 14.87%,Fe_2O_3 5.38%,硅酸率 3.39,铝氧率 2.76,小于 4 900 孔径含量 98.9%~99.6%	沉积型	小型矿床,C1 级储量为 110.66 万 t	勘探	目前正在开采
206	独山水泥黏土矿	确山县城东南刘店镇独山—牛湾村一带,东经 114°08′00″,北纬 32°45′10″	含矿岩系为第四系中更新统棕红色黏土、褐黄色亚黏土。产状及覆盖厚度因地形而异,矿层出露长 2 000 m,宽 520 m,厚 17.53 m	沉积型	大型矿床,估算储量 2 917 万 t	勘探	部分已开采
207	金牛山水泥黏土矿	确山县城东南约 12 km,金牛山—扁担山一带,东经 114°07′30″,北纬 32°43′40″	含矿岩系为第四系中更新统黄土、亚黏土,另有页岩、板岩,厚度及产状随地形变化而变化,一般厚几米至数十米。黏土质矿石多属Ⅰ级品,页岩、板岩为Ⅱ级品,部分可作砂质原料。黏土质矿碱质、泥硅质偏高,K_2O+Na_2O 33.5%左右,硅酸率 3~3.7;亚黏土矿石介于Ⅰ~Ⅱ类之间,Ⅰ类和Ⅱ类矿石相间产出	沉积型	中型矿床,D 级储量 800 万 t	勘探	

十八、硅灰石

硅灰石(见图 4-23)是一种新的工业矿物原料,国内外已得到广泛应用,其中主要用作建筑陶瓷原料、电焊条助熔剂、冶金保护渣、涂料油漆,其次用于橡胶、塑料的填充料等。

驻马店市硅灰石矿产地仅 1 处,规模为小型,现介绍如下。

石灰窑小型硅灰石矿床(208)

矿床位于泌阳县下碑寺乡石灰窑,地理坐标:东经 113°33′43″~113°34′20″,北纬 33°06′44″~33°07′08″。

图 4-23 硅灰石

矿体呈层状赋存于矿区东部洛峪口组上段上部条带状硅灰石大理岩中。矿化不均匀,矿体的围岩为硅灰石大理岩。区内共圈出矿体 8 个,但规模较小,其中Ⅶ、Ⅷ号矿体厚度不足 1 m。

矿石呈灰白色,囊状、纤维状、放射状和粒状变晶结构,块状构造。矿石矿物为硅灰石,占 25%~43%;脉石矿物以方解石为主,占 55%~70%。少量透辉石、石榴石、石英等。矿石化学成分:SiO_2 23.12%~48.14%,平均 36.76%;CaO 32.88%~47.28%,平均 39.81%;Al_2O_3 3.67%~7.58%,平均 4.20%;Fe_2O_3 1.2%~3.65%,平均 1.96%。以 SiO_2、CaO 为主,占矿石量的 76.57%,Al_2O_3 次之,Fe_2O_3 少量。

经河南省地矿厅地调三队 1989 年普查,对规模相对较大的Ⅱ、Ⅲ号矿体求得平衡表内 D 级储量:矿石量 1.93 万 t,硅灰石量 0.66 万 t。

另外,在泌阳县杨集乡滑石岭也发现有硅灰石矿化,但被第四系覆盖。

十九、透闪石

透闪石(见图 4-24)是一种钙镁的偏硅酸盐矿物,晶体呈长柱状、针状、放射状或纤维状,主要物理特征是干燥与烧成收缩率小,热膨胀率低并呈线性膨胀特征。主要用途是制陶瓷,还可作为原料制玻璃和造纸、橡胶、涂料的填料等。

透闪石矿床仅1处,现介绍如下。

高楼小型矿床(209)分布于泌阳县王店乡高楼南西0.5 km。地理坐标:东经113°24′21″,北纬32°48′57″。

图4-24　透闪石

矿床位于羊册韧性剪切带的北东侧,矿体赋存于太华群混合片麻岩内,呈透镜状产出。矿体出露长约300 m,宽约100 m,走向北西—南东,倾向250°,倾角45°,矿石白色,放射状或纤维状集合体,结构松散呈土状,新鲜者为块状。主要矿物成分为透闪石,占65%,少量方解石等。经双色分析其白度达85°,矿石质量较好。

该矿床估算地质储量大于100万t。

二十、滑石

图4-25　滑石

滑石(见图4-25)是一种含水的硅酸镁,质软,具滑感,对油类有强烈的吸附性。块滑石主要用于制造块滑石瓷,滑石粉用于陶瓷、油漆、油毡、纺织、橡胶、电缆等工业部门。

驻马店市目前仅有矿化点1处,现介绍如下。

杨庄滑石矿化点(210)分布于确山县石滚河乡毛家棚沟杨庄东约550 m。地理坐标:东经113°42′40″,北纬32°43′10″。

滑石矿化赋存于滑石石英片岩、滑石片岩之中。矿体呈似层状、透镜状产出,沿走向出露长约100 m,宽约30 m,向两端变为硅质条带白云石大理岩,矿体可能被断层错断,矿体顶、底板均为硅质条带白云石大理岩,底板具滑石化。

矿石呈白色、灰白色,矿石矿物主要为滑石,含量65%~80%,局部达90%。脉石矿物主要为石英,含量15%~35%,含少量白云石、绢云母和铁质。矿石具鳞片变晶结构、粒状磷片变晶结构,片状、条带状构造。矿石化学成分:

SiO_2 36.1%、MgO 19.80%、CaO 15.39%、Fe_2O_3 0.94%。矿石自然类型为滑石片岩型和滑石石英片岩型。

矿床成因类型为区域变质型，成矿时代为上元古代。该矿床规模小，SiO_2、MgO 达不到工业要求，CaO 含量超标，列为矿化点，但成矿地质条件有利，需进一步开展工作。

二十一、沸石

图 4-26　沸石

沸石（见图 4-26）因具有独特的矿物结构和结晶化学性质，所以用途十分广泛。在建材方面多用于水泥混合原料，还可用于制造轻质骨料、轻质高强板材、轻质砖瓦等。在环境保护方面，沸石和沸石制品可以处理废气、废水对环境的污染。在农牧业方面，沸石可用于改良土壤，提高保水、保肥能力。

驻马店市沸石产地 4 处，均为矿点，分布于确山县，现以雷大庄沸石矿点为代表简述如下。

雷大庄沸石矿点（211）位于确山县石滚河乡雷大庄—刘楼一带。地理坐标：东经 113°44′34″，北纬 32°40′58″。

沸石矿化赋存于灰白色、黄白色石英斑岩之中，岩脉呈北西向延伸，可见长度约 200 m，宽度 50 m，厚度大于 5 m。石英斑岩由斑晶和基质组成，斑晶主要为钾长石（2%）、石英（2%）、斜长石（1%），晶径 0.6～1.5 mm，呈放射状排列。岩石具斑状结构、球粒结构，块状构造。矿石化学成分：SiO_2 76.28%、Al_2O_3 12.84%、Fe_2O_3 0.70%、CaO 0.59%、MgO 0.37%，吸铵量 15.9 mg/100 g。岩石经受了泥化、高岭土化、绢云母化、方解石化等蚀变。

矿床成因类型为火山岩型，成矿时代为燕山晚期。矿床矿化较弱，吸铵量达不到工业要求，只是规模大。当地已开采作为水泥配料使用。

其他沸石矿点基本情况见表 4-17。

表 4-17　沸石矿产一览表

图上编号	矿床（点）名称	位置	地质与矿床特征	成因	规模	研究程度	备注
212	木寨沸石矿点	确山县任店镇西北，木寨西 290°方向约 300 m，东经 113°54′54″，北纬 32°43′43″	出露地层为白垩系火山岩，底板为灰白、紫红色、杂色安山岩，顶部为中元古界汝阳群紫红色石英岩、绢云石英片岩。地层产状变化较大，总体倾向北东，倾角 30°～42°，沸石矿化赋存于白垩系灰白色流纹岩中，出露长约 100 m，宽 10 m，倾向 5°～10°，倾角 45°～60°	火山岩型	矿点	踏勘	需进一步开展工作
213	明家沟沸石矿点	确山县任店镇西约 6 km 明家沟南侧，东经 113°54′55″，北纬 32°40′09″	矿区出露地层为白垩系。岩性为晶屑凝灰岩，下部为青白色膨润土矿层。沸石矿化产于青灰色、棕红色晶屑凝灰岩中，呈层状、似层状，长度大于 400 m，宽 180～200 m，厚大于 5 m。矿层倾向 185°～200°，倾角 20°～30°。化学成分：SiO_2 76.24%～77.02%，Al_2O_3 12.99%，Na_2O 0.05%～0.8%，K_2O 2.5%～4.9%，吸铵量 26～46.8 mg/100 g	火山沉积型	矿点	踏勘	需进一步开展工作

续表 4-17

图上编号	矿床（点）名称	位置	地质与矿床特征	成因	规模	研究程度	备注
214	大连庄沸石点	确山县任店镇西南大连庄西约 400 m，东经 114°56′53″，北纬 32°39′10″	出露地层为白垩系，岩性为黄白色流纹岩、流纹质晶屑凝灰岩。沸石矿化赋存于白垩系流纹岩中，出露长度约 150 m，宽 70～80 m，厚度大于 12 m。化学成分：SiO_2 66.6%，Al_2O_3 22.15%，CaO 0.33%，MgO 0.15%，K_2O 0.6%，Fe_2O_3 0.97%，FeO 0.75%，TiO_2 0.45%，LOS 7.9%，吸铵量 28.08 mg/100 g	火山岩型	矿点	踏勘	需进一步工作

二十二、膨润土

膨润土是以蒙脱石为主要矿物的黏土岩，具有吸水性、膨胀性、胶结性、阳离子交换性、分散性及润滑性等性能，广泛用于冶金球团、铸造型砂黏合剂、钻井泥浆、润滑 Z 脂稠化剂以及造纸、橡胶等工业的填料。

产地仅 1 处，现介绍如下。

桂沟膨润土矿点（215）分布于确山县任店镇桂沟—范庄—明家沟—康庄一带。地理坐标：东经 113°54′00″～113°55′38″，北纬 32°40′00″～32°40′51″。

含矿岩石断续出露长 1 500 m，宽 100～300 m，出露面积 0.26 km^2，估算地质储量达 5 000 万 t 以上，矿床规模较大，但由于工作程度较低，暂定为矿点。

矿石颜色为白色、灰白色、浅肉色及斑杂色，吸水性强，主要矿物为蒙脱石，含少量石英、长石及白云母，在明家沟等地矿石杂质较多，主要为石英。

矿床成因类型为火山沉积型，成矿时代为白垩纪。

矿石化学分析：SiO_2 64.77%，Al_2O_3 15%～17%，Fe_2O_3 1.68%，CaO 1.58%，MgO 2.06%，TiO_2 0.28%，K_2O 2.05%，Na_2O 1.36%，S 0.01%，P_2O_5 0.11%，MnO 0.04%，FeO 0.63%，烧失量 8.86%。pH 值为 7，胶质价 80.77

mL/100 g(最高 95),蒙脱石 72.98%, NH_4^+ 5.11 mL/100 g,碱性系列 K+Na/Ca+Mg<1,矿石类型为钙基膨润土。

矿床成因类型为火山沉积型,成矿时代为白垩纪。

该矿床膨润土矿层位比较稳定,规模较大,矿石质量较好,成矿地质条件、矿化特征与河南省著名的上天梯膨润土矿十分相似,并且与沸石矿化密切伴生,前景良好。

二十三、熔岩

熔岩是指喷出地表的岩浆,也用来表示熔岩冷却后形成的岩石。驻马店市熔岩矿 1 处,现介绍如下。

大连庄中型熔岩矿(216)位于确山县任店镇西南 3 km 薄山水库管理局—大连庄一带。地理坐标:东经 113°56′34″~113°57′07″,北纬 32°38′43″~32°39′08″。

矿区出露地层主要为白垩系,岩石以流纹岩、(流纹质、含角砾)岩屑晶屑凝灰岩为主,局部有岩屑凝灰岩。东南部出露中元古界汝阻群白草坪组。矿区第四系覆盖严重,约占 45%。在李岗、南沟、水库大坝北侧、大连庄等处有火山凝灰岩分布,仅大连庄一带出露达 0.3 km^2。火山凝灰岩体重 2 t/m^3,估算地质储量大于 0.6 亿 t,矿床规模为中大型火山熔岩矿床。

二十四、饰面石材

饰面石材主要用于建筑物的内外贴面,只要具有必要的装饰性和耐用性,并且有一定的块度,适于加工的岩石均可作为饰面石材。

驻马店市饰面石材资源非常丰富,且开采条件好,发展潜力大。初步查明有花岗石产地 25 处、大理石产地 14 处,主要分布于确山县、泌阳县、遂平县境内,驿城区也有少量分布。

(一)花岗石

花岗石(见图 4-27)现有产地 25 处,其中大型矿床 1 处、中型矿床 2 处、小型矿床 22 处。它们集中分布在确山县西北部、遂平县西部山区及泌阳县。现已查明的名优品种有桃红、肉红、红白珍珠、芝麻黑、乌龙柏等。现以大金顶大型花岗石矿床为代表简述如下。

图 4-27　花岗石

大金顶大型花岗石矿床(217)位于确山县瓦岗乡北约6 km、大金顶南侧倪庄北山。矿区至瓦岗有山间公路,瓦岗至确山有S334省道与107国道、京广铁路相连,交通比较方便。矿区中心地理坐标:东经113°49′48″,北纬32°50′16″。

1. 矿床特征

大金顶岩体岩性为花岗闪长岩,岩石呈灰黑色,新鲜面为灰白色,工艺名称为“芝麻黑”。矿体呈脉状产出。出露东西长约1 000 m,南北宽约600 m,平均延深约100 m。

岩石中构造不发育,裂隙少,块度大,成材率高。颜色均匀,无色斑、色线。

2. 成因及评价

矿床成因类型为岩浆岩型,成矿时代为燕山晚期。

矿床估算地质储量6 000万m^3,达大型石材矿床规模。矿山经近几年开采证明,开采条件好,矿石质量高,产品已销往全国各地并出口到日本、韩国等。

其他花岗石矿床的基本情况见表4-18。

表4-18　花岗石矿产一览表

图上编号	矿床(点)名称	位置	地质与矿床特征	成因	规模	研究程度	备注
218	酒店小型黑花岗石矿床	西平县酒店跑马岭—蜘蛛山一带	矿床位于出山—酒店复背斜的南翼,矿体呈层状产于汝阳群云梦山组中下部,断续长700多m,厚100~140 m。矿体为中基性火山岩,主要岩性有辉绿岩、玄武玢岩、安山岩、安山玢岩。①辉绿岩、玄武玢岩:深灰色、黑色及全黑色。硬度6,比重3.02 g/cm^3,抗压强度5 200 kg/cm^2,无放射性。②安山岩、安山玢岩:褐紫色、天青色。有红白珍珠及雪花天青两种石材。硬度5~6,比重3.0 g/cm^3,抗压强度1 180 kg/cm^2,吸水性0.085%,无放射性	火山岩型	小型,储量约2 100万m^3	矿点检查	部分已开采

续表 4-18

图上编号	矿床（点）名称	位置	地质与矿床特征	成因	规模	研究程度	备注
219	鸽子山中型花岗石矿床	遂平县嵖岈山乡鸽子山	矿区为嵖岈山花岗岩体的一部分，矿体长 1 400 m，宽 500 m，侵蚀基准面以上估算地质储量 3 600 万 m^3。可分为两个主要花色品种：①桃红：分布于鸽子山北坡，为中粗粒花岗岩，鲜红—肉红色，半自形全晶质结构，块状构造，放射性分析属正常值。②肉红：分布于鸽子山南坡，岩性为不等粒花岗岩。矿物成分以钾长石为主。放射性含量为 2.7 wr/h。估算荒料率达 80%	岩浆岩型	中型，储量 3 600 万 m^3	矿点检查	部分已开采
220	张冲花岗石矿床	驿城区蚁蜂镇增河南张冲，东经 113°50′57″，北纬 32°53′03″	矿体为燕山晚期细粒黑云花岗岩（γ_5^3）小岩体，长轴方向呈北西向，围岩为早元古代褐黄色花岗岩（γ_2^1）。矿体呈灰白色。出露长度大于 200 m，平均宽约 100 m，延深大于 30 m。矿物成分主要为斜长石（48%）、钾长石（20%）、石英（25%）、黑云母（7%），微量矿物有磁铁矿、磷灰石等，细粒花岗结构，块状构造。矿体颜色较均匀，无色斑，节理间距 3 m 左右，部分节理中有后期白色花岗细晶岩脉充填，脉宽 0.5~5 cm	岩浆岩型	小型矿床，估算储量大于 60 万 m^3，远景较好	矿点检查	部分已开采

续表 4-18

图上编号	矿床（点）名称	位置	地质与矿床特征	成因	规模	研究程度	备注
221	贾楼小型花岗石矿床	泌阳县贾楼乡南西约 1 km	开采矿石为燕山晚期花岗岩，岩石新鲜，黑白细点相间，成材率较高	岩浆岩型	小型，估算储量 15 万 m^3	矿点检查	部分已开采
222	清泥沟花岗石矿床	驿城区胡庙乡林业村老代庄西南清泥沟，东经 113°52′12″，北纬 32°52′15″	矿体为燕山期细粒黑云母花岗岩（γ_5^3），围岩为早元古代褐黄色花岗岩。矿体呈灰白色，矿物成分主要为斜长石、钾长石、石英、黑云母，细粒花岗结构，块状构造。矿物分布比较均匀，局部黑云母含量减少，形成大小约 3 cm×5 cm 的白色透镜状色斑。有两组节理，产状分别为 40° ∠40° 和 35° ∠83°，节理间距 2~5 cm	岩浆岩型	小型矿床，估算储量约 15 万 m^3，远景较好	矿点检查	部分已开采
223	姜沟花岗石矿床	驿城区胡庙乡姜沟韩竹园北，东经 113°51′20″，北纬 32°51′56″	矿体为燕山晚期细粒黑云母花岗岩小岩体（γ_5^3），围岩为早元古代花岗岩（γ_2^1）。矿体呈灰白色，出露东西长度大于 100 m，南北宽约 50 m。矿物成分主要为斜长石、钾长石、石英、黑云母。细粒花岗结构，块状构造。矿物成分分布较均匀。局部黑云母聚集形成 3~5 mm 的黑色小斑，另有少量长石斑晶。有两组节理，产状分别为 235° ∠78° 和 12° ∠77°，节理间距 3~6 m	岩浆岩型	小型矿床，估算储量约 1.5 万 m^3	矿点检查	部分已开采

续表 4-18

图上编号	矿床（点）名称	位置	地质与矿床特征	成因	规模	研究程度	备注
224	三架山花岗石矿床	确山县竹沟镇东北三架山西南坡，东经 113°45′38″，北纬 32°50′40″	矿体为燕山期黑云花岗岩脉（γ_5^3），围岩为元古代褐黄色似斑状花岗岩，接触带产状：90°～110°∠18°～23°，矿体呈脉状，长 400 m，宽 20～25 m，延深大于 50 m，颜色为灰白色，矿物成分主要为斜长石、石英、黑云母，细粒花岗结构，块状构造，矿物分布比较均匀，局部黑云母密集处，形成 3～8 mm 的黑色色斑，节理稀少，块度大，成荒率高	岩浆岩型	小型矿床，估算储量约 15 万 m^3。远景较好	矿点检查	部分已开采
225	老鹰崖中型花岗石矿床	泌阳县铜山乡与板桥乡交界，东经 113°34′57″～113°37′30″，北纬 32°52′30″～32°54′15″	矿体为蚀变花岗质糜棱岩，矿体均呈青绿色。出露长 1 650 m，平均宽 104.6 m，平均斜深 82.5 m，矿物主要成分：绿泥石、斜长石、方解石和菱镁矿，斑状结构，块状和带状构造，矿物颜色均匀，誉为“泌阳青”，成荒率高	构造型	中型矿床，远景储量可达 1 500 万 m^3	普查	部分已开采

续表 4-18

图上编号	矿床(点)名称	位置	地质与矿床特征	成因	规模	研究程度	备注
226	尚吴庄花岗石矿床	确山县瓦岗乡北偏西,尚吴庄60°方向约300 m,东经113°49′13″,北纬32°49′48″	矿体为燕山晚期黑云花岗岩脉(γ_5^3),侵入早元古代似斑状花岗岩中,岩脉产状70°∠85°,矿体呈脉状,长350 m,宽8.5~10 m,延深大于50 m。颜色为灰白色。矿物成分主要有斜长石(60%左右)、石英(25%~30%)、黑云母(5%~10%)。细粒花岗结构,块状构造,矿物分布比较均匀,局部黑云母密集处,形成3~8 mm的黑色色斑,节理稀少,块度大,成荒率高	岩浆岩型	小型矿床,估算储量约15.7万 m^3	矿点检查	部分已开采
227	黄大庄花岗石矿床	确山县瓦岗乡东北黄大庄北,东经113°51′19″,北纬32°49′18″	矿体为燕山晚期黑云花岗岩脉,侵入早元古代灰褐色似斑状花岗岩中,接触带产状195°∠26°,矿体呈脉状,长约300 m,宽30~35 m,延深大于30 m。颜色呈灰白色,矿物成分主要为斜长石(60%~65%)、石英(25%~30%)、黑云母(7%~10%),细粒花岗结构,块状构造。矿物分布比较均匀,局部黑云母含量有所变化,形成小色斑,节理有两组:产状13°∠80°,间距1.5~2.5 m,沿节理有少量宽1~5 cm的白色花岗细岩脉充填;产状24°∠85°,间距0.6~1.8 m,块度大,成荒率高	岩浆岩型	小型矿床,估算储量约27万 m^3	矿点检查	部分已开采

续表 4-18

图上编号	矿床(点)名称	位置	地质与矿床特征	成因	规模	研究程度	备注
228	西凤凰棚花岗石矿	确山县竹沟镇北西凤凰棚，东经 113°43′19″，北纬 32°49′30″	矿体为燕山晚期黑云母花岗岩脉（γ_5^3），侵入早元古代褐黄色似斑状花岗岩，岩脉走向 315°，倾向北东。矿体呈脉状，长约 300 m，延深大于 50 m，颜色为灰白色，矿物成分主要为斜长石、钾长石、石英、黑云母，含少量角闪石，细粒花岗结构，块状构造。节理有两组，产状分别为 60° ∠86° 和 346° ∠51°。沿前组节理有宽 2~8 cm 的白色花岗细晶岩脉充填，节理间距 1.5~3 m	岩浆岩型	小型矿床，估算储量 50 万 m^3	矿点检查	部分已开采
229	西山花岗岩矿	泌阳县春水镇山头王村西山，东经 113°23′09″，北纬 33°03′43″	矿体主要为晋宁期侵入花岗岩（γ_2^2），矿体呈灰白色，矿物成分主要为斜长石、钾长石、石英、黑云母。粒状花岗结构。岩石主要为粗中—中粒花岗岩、中粒斑状花岗岩、中粒黑云母二长花岗岩或中细粒花岗岩。矿物成分分布均匀，矿体出露面积较大，厚度延伸大	岩浆岩型	小型	普查	部分已开采

续表 4-18

图上编号	矿床（点）名称	位置	地质与矿床特征	成因	规模	研究程度	备注
230	角子山花岗岩矿	泌阳县角子山，东经 113°33′23″，北纬 33°04′59″	矿体附近出露岩性为燕山期花岗岩，岩体产生于花岗岩体边部，受构造破碎带控制。破裂花岗岩或角砾岩为其含矿围岩，并具硅化、高岭土化。矿脉厚 0.3～1.5 m，最大厚度 3 m，矿体断续长 200 m 左右，向下延伸约 20 m。矿体呈脉状。矿体产状稳定，矿体沿断裂走向时宽时窄，矿体形态复杂程度数中等。属小型矿体。矿体产状稳定，一般很少有较大断层破坏岩体，岩脉不发育，构造、岩脉发育程度复杂	岩浆岩型	小型	普查	部分已开采
231	眼前洼花岗岩矿	泌阳县铜山乡眼前洼，东经 113°31′52″，北纬 32°43′38″	矿体主要为晋宁期侵入花岗岩（γ_2^2），矿体呈灰白色，矿物成分主要为斜长石、钾长石、石英、黑云母。粒状花岗结构。岩石主要为粗中—中粒花岗岩、中粒斑状花岗岩、中粒黑云母二长花岗岩或中细粒花岗岩。矿物成分分布均匀，矿体出露面积较大，厚度延伸大	岩浆岩型	小型	普查	部分已开采

续表 4-18

图上编号	矿床（点）名称	位置	地质与矿床特征	成因	规模	研究程度	备注
232	岳沟花岗岩矿	泌阳县羊册镇岳沟，东经 113°17′57″，北纬 33°01′05″	矿体主要为晋宁期侵入花岗岩（γ_2^2），矿体呈灰白色，矿物成分主要为斜长石、钾长石、石英、黑云母。粒状花岗结构。岩石主要为粗中—中粒花岗岩、中粒斑状花岗岩、中粒黑云母二长花岗岩或中细粒花岗岩。矿物成分分布均匀，矿体出露面积较大，厚度延伸大	岩浆岩型	小型	普查	部分已开采
233	申沟花岗岩矿	泌阳县付庄乡申沟，东经 113°31′18″，北纬 32°56′05″	矿体主要为晋宁期侵入花岗岩（γ_2^2），矿体呈灰白色，矿物成分主要为斜长石、钾长石、石英、黑云母。粒状花岗结构。岩石主要为粗中—中粒花岗岩、中粒斑状花岗岩、中粒黑云母二长花岗岩或中细粒花岗岩。矿物成分分布均匀，矿体出露面积较大，厚度延伸大	岩浆岩型	小型	普查	部分已开采
234	蝎子山花岗岩矿	泌阳县王店乡岗庙岭蝎子山，东经 113°29′32″，北纬 32°51′30″	矿体主要为晋宁期侵入花岗岩（γ_2^2），矿体呈灰白色，矿物成分主要为斜长石、钾长石、石英、黑云母。粒状花岗结构。岩石主要为粗中—中粒花岗岩、中粒斑状花岗岩、中粒黑云母二长花岗岩或中细粒花岗岩。矿物成分分布均匀，矿体出露面积较大，厚度延伸大	岩浆岩型	小型	普查	部分已开采

续表 4-18

图上编号	矿床(点)名称	位置	地质与矿床特征	成因	规模	研究程度	备注
235	茨园花岗岩矿	确山县蚁蜂镇茨园村，东经 113°46′16″，北纬 32°54′08″	矿区出露的下古元界暗灰白色混合花岗岩为主要矿体，由于矿石风化十分剧烈，适合轻度粉碎后作为建筑用砂料。矿体围岩为坚硬岩石，节理、裂隙不发育	岩浆岩型	小型	普查	部分已开采
236	蚂蚁山花岗岩矿	确山县蚁蜂镇回子庄蚂蚁山，东经 113°48′50″，北纬 32°57′07″	矿区出露的燕山期花岗岩岩体(γ_5^3)为主要矿体，岩性为灰黄色、灰白色、片麻状、条带状、块状构造，中粗粒花岗变晶结构，镜下见交代蠕英结构	岩浆岩型	小型	普查	部分已开采
237	清泥沟花岗岩矿	驿城区胡庙乡清泥沟，东经 113°52′01″，北纬 32°51′52″	矿体位于韩上庄燕山晚期二长花岗岩体的西端，属于大金顶岩体后期侵入的一部分，岩体在矿区范围 NW300°的节理最为发育。矿石主要为黑云斜长花岗岩和黑云二长花岗岩。成分主要为微斜长石(19.6%~20%)、斜长石(25%~35%)、石英(20%~30%)、黑云母(3%~10%)，含少量磁铁矿、角闪石等	岩浆岩型	小型	普查	部分已开采

另外,在遂平县嵖岈山东坡(238)、黑子沟南(239)、泌阳县象河关(240)、角子山东(241)也分布有小型花岗石矿床,均有开采。

(二)大理石

驻马店市已知大理石矿产地14处,其中小型矿床5处、矿点9处,主要分布于泌阳县、确山县和遂平县。现以老龙山小型大理石矿床为代表简述如下。

老龙山小型大理石矿床(242)位于确山县任店镇张冲村老龙山。矿区往东约7 km有简易公路与107国道、京广铁路相连,交通比较方便。地理坐标:东经113°50′34″~113°57′12″,北纬32°44′25″~32°44′58″。

矿区共有7个矿体,其中黑白相间条纹条带状大理岩型矿体6个,淡红、砖红色钙质砾岩型矿体1个,各矿体出露界线清楚,露头良好。矿体形状为层状、似层状、透镜状。

矿床成因类型:大理岩为海相沉积变质型,成矿时代为早寒武世;砾岩型为陆相沉积型,成矿时代为早第三世。

经初步普查,求得大理石型矿石荒料储量为29.42万m^3,砾岩型矿石荒料储量23.33万m^3,总计52.75万m^3,为一小型大理石矿床。

其他大理石矿床的基本情况见表4-19。

表4-19　大理石矿产一览表

图上编号	矿床(点)名称	位置	地质与矿床特征	成因	规模	研究程度	备注
243	袁庄大理石矿	遂平县嵖岈山乡袁庄	出露地层为洛峪群,岩性为石英岩、白云岩等。矿体为白色白云质大理岩,出露长400~500 m,宽25~50 m	沉积变质型	矿点	踏勘	已开采
244	灰山大理石矿床	遂平县嵖岈山乡灰山北坡	含矿岩系为张夏组灰岩,矿体东西长400 m,南北宽100 m,产有墨玉、波浪黑两个品种。前者为豆鲕状厚层灰岩,颜色墨黑,含小型密集图案;后者为条带状鲕状灰岩,深灰黑色。两种都不含放射性元素	沉积变质型	小型	矿点检查	已开采

续表 4-19

图上编号	矿床(点)名称	位置	地质与矿床特征	成因	规模	研究程度	备注
245	白石岭小型大理石矿床	遂平县嵖岈山乡西南 8.5 km	矿体为辛集组上部海相沉积厚层白云质结晶灰岩。矿体出露长 150 m,宽 70～100 m,倾向 210°,倾角 61°,品种为残雪,放射强度 5.2 uγ/n,容量 2.8 g/cm³,弱吸水性,高光泽度,镜面内原生乳状凝块有序排列,呈剔透残雪,图案典雅新颖	沉积变质型	小型,估算地质储量 48 万 m³	矿点检查	已开采
246	昌庄大理石矿点	泌阳县春水镇昌庄,东经 113°29′55″～113°30′19″,北纬 33°08′10″～33°08′25″	地层为汝阳群云梦山组,大理岩、白云岩共有四层,主要为透辉大理岩、石榴石大理岩、蛇纹石化白云岩。主要利用的是蛇纹石化白云岩,其磨光面上常出现宛如晨雾暮霭、烟云缭绕、群山环抱、江河逐流等画面。矿体长 600 m,深 20 m,宽 22 m,蛇纹石化明显的有 13 m 宽	沉积变质型	小型,储量 15 万 m³	普查	已开采
247	跑马岭小型大理石矿床	遂平县嵖岈山南西 12 km	含矿岩系为洛峪群洛峪口组中厚层白云岩,新续出露长 400～500 m,宽 50～80 m。共有 3 个品种:①层藻石、叠层石白云岩,无放射性,荒料率 20%～30%。②碎蔷薇:碎屑状白云岩,无放射性,荒料率 20%～30%。③芝麻黑:碎屑状白云岩,黑白二色相杂	沉积变质型	小型,储量 150 万 m³	矿点检查	已开采

续表 4-19

图上编号	矿床(点)名称	位置	地质与矿床特征	成因	规模	研究程度	备注
248	茨园大理石矿点	泌阳县铜山乡茨园	含矿岩系为栾川群,岩性以条带状大理岩为主。矿体岩性为蛇纹石化大理岩,板材颜色以乳白色为基底,间杂翠绿,品种为碧玉。矿体长 200～300 m,宽 85 m,近东西向分布	沉积变质型	矿点	踏勘	已开采
249	南家沟大理石矿点	确山县任店镇西南南家沟一带,东经 113°46′23″～113°47′00″,北纬 32°28′10″～32°38′47″	矿体分布于栾川群中,岩性为大理岩、白云石英片岩,矿石按颜色可分为粉红和白色两种。①粉红大理岩:长 350 m,宽 10～30 m;②白色大理岩:长 200～600 m,宽 5～20 m	沉积变质型	矿点	踏勘	部分已开采
250	太白岭大理石矿点	确山县任店镇西南太白岭,东经 113°51′51″～113°51′58″,北纬 32°37′26″～32°37′32″	含矿岩系为汝阳群白草坪组。矿体为桃红色大理岩,矿体呈层状、似层状,断续长 2 km,厚 0.2～1 m,中间夹有草绿色或杂色大理岩	沉积变质型	矿点	踏勘	部分已开采

续表 4-19

图上编号	矿床（点）名称	位置	地质与矿床特征	成因	规模	研究程度	备注
251	条山瞭望台南大理石矿点	泌阳县马谷田镇条山瞭望台南，东经 113°30′56″，北纬 32°37′01″	矿区出露的下古生界大理岩，透镜状大理岩为主要矿体，矿石品位较好，岩石较为完整，矿体呈产状，出露长 190 m，厚 20 m，矿石主要化学成分为氧化钙，矿石结构以中粗粒变晶结构为主，中细变晶结构；花岗结构次之，矿石构造为条带状，块状平行构造，斑杂状及结核状构造，矿石的矿物成分主要以中—粗粒方解石为主，含量占 85%～90%，次为石英、透辉石、白云母等	沉积变质型	矿点	踏勘	部分已开采
252	张铺大理石矿点	泌阳县杨家集张铺，东经 113°23′17″，北纬 32°50′05″	矿区内矿体赋存在下元古界陶湾组，矿石结构以中粗粒变晶结构为主，中细粒变晶结构，花岗结构次之。矿石构造为条带状构造，块状平行构造，斑杂状及结核状构造。矿物成分主要以中—粗粒方解石为主，次为石英、透辉石、白云母等。矿石化学成分以氧化钙为主，其次为二氧化硅、氧化镁	沉积变质型	矿点	踏勘	部分已开采

续表 4-19

图上编号	矿床(点)名称	位置	地质与矿床特征	成因	规模	研究程度	备注
253	付庄大理石矿点	泌阳县付庄乡，东经 113°28′34″，北纬 32°57′13″	矿体主要为晋宁期侵入花岗岩（γ_2^2），矿体呈灰白色，矿物成分主要为斜长石、钾长石、石英、黑云母。粒状花岗结构。岩石主要为粗中—中粒花岗岩、中粒斑状花岗岩、中粒黑云母二长花岗岩或中细粒花岗岩。矿物成分分布均匀，矿体出露面积较大，厚度延伸大	沉积变质型	矿点	踏勘	部分已开采
254	栗树庄大理石矿点	泌阳县高邑乡下余洼村栗树庄，东经 113°30′58″，北纬 32°43′27″	矿层为回龙寺组上段下层条带状大理岩，矿层呈层状产出，沿走向分布稳定，严格受回龙寺组上段上层岩性控制，东部与铜山花岗岩侵入接触，下部与回龙寺组上段下层接触，由中厚层硅质条带大理岩组成	沉积变质型	矿点	踏勘	部分已开采
255	西杨庄大理石矿点	确山县石滚河乡西杨庄，东经 113°42′38″，北纬 32°43′10″	矿石呈白色、灰白色，矿物成分主要为白云石、石英、滑石、白云母等，白云石含量 40%~45%，石英 25%~40%，滑石 10% ~ 30%，白云母 5%~10%。矿石呈鳞片变晶结构。磷片粒状变晶结构，片状、条带状构造	沉积变质型	矿点	踏勘	部分已开采

驻马店市基岩出露面积大，建筑用石材的开采量较大，部分是综合石料的产地，在此不一一罗列。

二十五、玄武岩

图 4-28　玄武岩

玄武岩(见图 4-28)主要由基性长石和辉石组成,主要用途是修筑公路、铁路、机场跑道,具有耐磨、吃水量少、导电性能差、抗压性强、压碎值低、抗腐蚀性强、沥青黏附性高等优点,并被国际认可,是发展铁路运输及公路运输最好的基石。

驻马店市玄武岩产地主要分布于西平县、泌阳县及遂平县,采矿点较少。该矿种由于地质工作程度低,已知规模开采的有 5 处,各矿床特征见表 4-20。

表 4-20　玄武岩矿产一览表

图上编号	矿床(点)名称	位置	地质与矿床特征	成因	规模	研究程度	备注
256	赵尧村玄武岩矿	泌阳县沙河店镇赵尧村,东经 113°38′51″,北纬 33°07′43″	该玄武岩呈黑绿色、风化后呈灰绿色,岩石致密坚硬,理化性能稳定,力学强度高,主要矿物斜长石占 45%~50%,辉石 35%,火山玻璃 5%,绿泥石 5%,金属矿物 5%,次生矿物有石英、绿泥石、方解石、钠长石	岩浆岩型	小型	踏勘	已开采利用
257	五道垛玄武岩矿	泌阳县沙河店镇五道垛,东经 113°38′58″,北纬 33°07′30″	该玄武岩呈黑绿色、风化后呈灰绿色,岩石致密坚硬,理化性能稳定,力学强度高,主要矿物斜长石占 45%~50%,辉石 35%,火山玻璃 5%,绿泥石 5%,金属矿物 5%,次生矿物有石英、绿泥石、方解石、钠长石	岩浆岩型	小型	踏勘	已开采利用

续表 4-20

图上编号	矿床(点)名称	位置	地质与矿床特征	成因	规模	研究程度	备注
258	李尧村玄武岩矿	遂平县凤鸣谷乡李尧村，东经 113°39′21″，北纬 33°08′02″	矿石颜色呈土黄色及红褐色，结构构造单一，土状疏松构造，微粒—粉粒结构，由 70%～80%的黏土和 20%～30%的粉砂组成，黏土矿物主要为水云母，粉砂黏土矿物主要为石英及长石。矿石化学成分稳定，矿石主要为Ⅰ类黏土，局部有亚黏土围岩及Ⅱ类黏土	岩浆岩型	小型	踏勘	已开采利用
259	老家沟一带玄武岩矿	西平县出山镇老家沟一带，东经 113°37′56″，北纬 33°12′31″	该玄武岩呈黑绿色，风化后呈灰绿色，岩石致密坚硬，理化性能稳定，力学强度高，主要矿物斜长石 45%～50%，辉石 35%，火山玻璃 5%，绿泥石 5%，金属矿物 5%。矿区内石英岩分布较广	岩浆岩型	小型	踏勘	已开采利用
260	朱仓庄玄武岩矿	西平县出山镇朱仓庄，东经 113°39′05″，北纬 33°13′26″	矿石化学成分稳定，主要为Ⅰ类黏土，局部有亚黏土围岩及Ⅱ类黏土，矿石成分单样分析结果：硅酸率 2.0% ～ 3.96%，铝氧率 1.5% ～ 2.9%，$K_2O + Na_2O$ 1.8% ～ 3.95%，SiO_2 55% ～ 65%，MgO 0.45% ～ 2.0%，Al_2O_3 14%～16%，Fe_2O_3 3%～10%，CaO 2.5%～5.0%	岩浆岩型	小型	踏勘	已开采利用

续表 4-20

图上编号	矿床(点)名称	位置	地质与矿床特征	成因	规模	研究程度	备注
261	王冲高岭土矿	泌阳县马谷田镇王冲村，东经 113°25′15″，北纬 32°36′18″	矿石化学成分稳定，主要为Ⅰ类黏土，局部有亚黏土围岩及Ⅱ类黏土，矿石成分单样分析结果：硅酸率 2.0% ~ 3.96%，铝氧率 1.5% ~ 2.9%，$K_2O + Na_2O$ 1.85%~3.95%，SiO_2 55%~65%，MgO 0.45% ~ 2.0%，Al_2O_3 14%~16%，Fe_2O_3 3%~10%，CaO 2.5%~5.0%	热液蚀变型	小型	踏勘	已开采利用
262	阚庄高岭土矿	确山县新安店镇阚庄，东经 114°05′48″，北纬 32°36′04″	矿体产状：倾向 160° ~ 190°，倾角 15° ~ 35°。矿石具鳞片变晶结构、粒状鳞片变晶结构，片状、条带状构造。矿石化学成分：SiO_2 36.1%、MgO 19.80%、CaO 15.39%、Fe_2O_3 0.94%	热液蚀变型	小型	踏勘	已经开采利用
263	锅底山南坡高岭土矿	西平县出山镇锅底山南坡，东经 113°38′38″，北纬 33°16′26″	矿体为白色、蔷薇色，呈似层状、透镜状产出。矿体连续性较好，产状与围岩产状一致，矿体中无夹石。矿石多元素分析结果：SiO_2 80.34%，Al_2O_3 13.28%，Fe_2O_3 0.35%，TiO_2 0.47%，CaO 0.12%，MgO 0.18%	热液蚀变型	小型	踏勘	已开采利用

二十六、高岭土

图 4-29　高岭土

质纯的高岭土(见图 4-29)具有白度高、质软、易分散悬浮于水中、良好的可塑性和高的黏结性、优良的电绝缘性能;具有良好的抗酸溶性、很低的阳离子交换量、较好的耐火性等理化性质。

因此,高岭土已成为造纸、陶瓷、橡胶、化工、涂料、医药和国防等几十个行业所必需的矿物原料。高岭土在造纸工业的应用十分广泛。主要有两个领域:一个是在造纸过程中使用的填料,另一个是在表面涂布过程中使用的颜料。

驻马店市高岭土(陶瓷土)产地仅有 3 处,分别分布于西平、泌阳及确山县。各矿床特征见表 4-20。

二十七、建筑砂(河砂)

建筑砂是以石英、长石为主要成分的矿物(岩石)碎屑,主要用途是与水泥、石灰等依一定比例混合后作为各种建筑物的黏合剂和预制成各种建筑构件,在建材行业占有重要的位置。

驻马店市建筑砂产地主要分布于京广铁路以西的确山、泌阳、遂平、西平等县,采矿点星罗棋布。矿层主要沿现代河流两侧分布,其宽度、厚度受地形及季节影响。在河流两侧地形较平缓处,雨季山洪过后,砂层厚度增加。砂矿床成因类型为冲洪积沉积型,成矿时代为第四纪。

建筑砂的富集场所和搬运通道主要是流经并发源于驻马店市的沙河,次为臻头河、泌阳河、石阳河及奎旺河。砂的来源主要是黄山岩体、角子山岩体、桃园岩体、嵖岈山岩体等新老时代富含石英、长石的花岗岩风化剥蚀。该矿种由于地质工作程度低,已知规模开采的有 8 处,不论其规模大小暂定为小型建筑砂矿,各矿床特征见表 4-21。

表 4-21 建筑砂矿产一览表

图上编号	矿床（点）名称	位置	地质与矿床特征	成因	规模	研究程度	备注
264	大王庄建筑砂矿	驿城区蚁蜂镇西北大王庄西，东经 113°47′08″，北纬 32°55′39″	地层为第四系上更新统（Qp^3）黄褐色粉质亚黏土，沿黄溪河两侧分布有全新统（Qh）砂、砂砾石层。砂层分布于河流东岸，长约 250 m，宽约 30 m，厚度 1~2 m	沉积型	小型，估算储量约 1.1 万 m^3	踏勘	已开采利用
265	何大庙建筑砂矿	确山县石滚河乡东何大庙南、臻头河北岸，东经 113°48′31″，北纬 32°44′21″	第四系全新统（Qh）砂砾层沿臻头河及两岸分布。砂层东西长约 800 m，南北宽约 80 m，厚度约 3 m，砂层主要由长石、石英颗粒组成，含少量岩石细屑及磁铁矿，为细粒、中粒砂，沿河床为粗砂、砂砾石	沉积型	小型，估算储量约 19 万 m^3	踏勘	已开采利用
266	梅庄建筑砂矿	确山县石滚河乡东南梅庄东、臻头河西岸，东经 113°49′52″，北纬 32°43′30″	第四系全新统（Qh）砂、砂砾石层沿臻头河及其两岸分布。砂层南北长约 700 m，东西宽 60 m，厚度约 2.5 m。主要由长石、石英颗粒组成，含少量岩石碎屑及磁铁矿、细粒、中粒砂，沿矿床为粗砂、砂砾石	沉积型	小型，估算储量约 10 万 m^3	踏勘	已开采利用
267	陈庄建筑砂矿	确山县新安店镇北陈庄南、沙河南岸，东经 114°02′30″，北纬 32°38′55″	第四系全新统（Qh）砂、砾石层沿河砂及其两岸分布，砂层分布长度约 300 m，宽约 100 m，厚度约 2 m	沉积型	小型，估算储量约 6 万 m^3	踏勘	已经开采利用

续表 4-21

图上编号	矿床(点)名称	位置	地质与矿床特征	成因	规模	研究程度	备注
268	陶庄建筑砂矿	确山县李新店乡南西陶庄东约550 m明河两岸，东经113°59′32″，北纬32°30′40″	第四系全新统(Qh)砂、砂砾石层沿明河及其两岸分布，砂层主要由长石、石英颗粒组成，南北长约300 m，东西宽约100 m，厚度不详	沉积型	小型	踏勘	已开采利用
269	陈店建筑砂矿	确山县、双河乡陈店东，河北岸，东经113°07′46″，北纬32°27′49″	第四系全新统(Qh)砂、砂砾石层淮河及其两岸分布，河床为砂砾石，两侧为砂层。砂层呈灰黄、灰褐色，主要由长石、石英颗粒组成，含有少量岩石碎屑、角闪石及磁铁矿(<5%)，细—中粒状，粒径0.1~0.5 mm，含少量粉土。砂层分布长度约500 m，宽度60~80 m，厚度约10 m	沉积型	小型，估算储量约40万 m^3	踏勘	已开采利用
270	沙河店建筑砂矿	泌阳县沙河店西约2 km	含矿地层为第四系全新统(Qh)，砂、砂砾层沿沙河两岸分布，矿层长2 km，宽300 m左右，砂质以石英为主，杂质少，砂质优	沉积型	小型，估算储量60万 m^3	踏勘	已开采利用
271	泌水河建筑砂矿	泌阳县县城东南侧	含矿地层为第四系全新统(Qh)，砂层沿泌水河两岸分布，砂质以石英、长石为主，次有绢云母及磁铁矿。矿体长200~500 m，宽约100 m，厚大于1 m	沉积型	小型	踏勘	已开采利用

二十八、黏土矿

黏土矿主要用于制砖、瓦，颗粒较细，是各种矿物、岩石碎屑组成的混合物，具有一定的可塑性。

驻马店黏土资源丰富，全区各县、区均有分布，含矿岩系主要为第四系中更新统和上更新统的黏土、亚黏土，成因类型为冲洪积或坡积，成矿时代为第四纪。

该类矿地质工作程度低，在驻马店市有较大规模的利用，矿点众多，在此不一一罗列。

第四节　地下水

驻马店市按地形可划分为西部山区和东部平原两大块。西部山区地下水类型主要为基岩裂隙水，驻马店市—确山以西碳酸盐类岩石发育地区为裂隙岩溶水，以泉的形式出露地表，地下水为重碳酸盐型水，矿化度低于 1 g/L，水质良好。山区地下水受岩溶的控制，其天然通道东流补给平原区。东部平原为第四系地层，占全市总面积的 3/4，且绝大部分分布于京广铁路以东。第四系含水层发育，地下水类型主要为砂或泥质砾石层中的孔隙水和亚砂土及亚黏土中的裂隙水。全市可划分为 5 个含水岩组，分别为变质岩类裂隙含水岩组、岩浆岩类裂隙含水岩组、碎屑岩类孔隙—裂隙含水岩组、碳酸盐类裂隙岩溶含水岩组、松散型岩类孔隙—裂隙含水岩组。

一、浅层地下水系统的分布规律

驻马店市浅层地下水贮存于第一个相对隔水层（埋深 50 m）以上的孔隙裂隙含水岩组中，具有自由不定的上边界条件，它随着补给量、排泄方式的变化而变化。

（一）汝河流域浅层地下水子系统

本系统西南高、东北低，由丘陵、岗地过渡到洼地。浅层地下水系统也由裂隙水过渡为孔隙裂隙水。

在确山至驻马店一带分布和埋藏着寒武系灰岩、奥陶系白云质灰岩及泥灰岩，其中发育着裂隙岩溶水，岩溶水发育最大深度在海拔 120 m 左右。厚层状纯质灰岩溶蚀性强，钻孔单位出水量 2. 63～4. 54 t/(h · m)。薄层状灰岩和白云质灰岩溶蚀性弱，钻孔单位出水量 0. 94 t/(h · m) 左右。泥灰岩层质地愈纯,厚度愈大,溶蚀作用愈强,出水量愈大;反之,则出水量愈小。

岗地和倾斜平原区分布着中、上更新统黏土、亚黏土。浅层水为冲洪积和冲湖积黏性土孔隙裂隙含水岩组。一般在地形相对低洼的上更新冲湖相黏土分布区,形成浅层富水或中富水区,民井单位出水量 29.24~44.00 t/(h·m)。相对正地形的中更新统黏性土分布区,形成浅层弱富水区,民井单位出水量 1~2 t/(h·m)。

在遂平沙河和确山臻头河河谷平原中,为多层结构和双层结构的潜水含水层,浅层为全新统黏性土夹薄层中细砂、粉细砂层,下部为砂砾石层,单位出水量一般大于 10 t/(h·m),最大 45.86 t/(h·m)。

汝河流域浅层地下水系统西部边界延伸到伏牛山下,汝河为东部汇水边界。本系统地下水的渗流场,水力坡度稍陡(1/1 000~1.6/1 000),地表水和地下水均向宿鸭湖水库汇集,形成地表水和地下水一致的水动态变化特征。

(二)洪河流域浅层地下水子系统

本系统西部边界基本以汝河为界,东部以洪河同汾河的分水岭为界。浅层地下水贮存于黏性土裂隙及砂层孔隙之中。区内地势低平,地表坡度 1.9/10 000 左右。洪河位于本系统的中央,是地表水和地下水汇流场所。降水是浅层地下水的主要补给源,水位埋深雨季 1 m 左右,旱季 2~4 m,水力坡度 1.6/10 000~2.2/10 000,地下水以蒸发与河流排泄为主要排泄途径,属于垂直调节型浅层水系统。

全新统及上更新统冲湖相黏性土裂隙发育,间夹 2~3 层中细砂、粉砂层,砂层总厚 2~10 m。砂层中的孔隙水与黏性土中的裂隙水组成了统一的浅层地下水系统。民井单位出水量 7.39~22.29 t/(h·m)。在上蔡县境内邵店一带的新构造局部上升区,在岗地前缘和两侧,浅层水的水力坡度较大,贮水条件比平原区差,民井单位出水量 1.01~1.07 t/(h·m)。

二、深层地下水系统的分布规律

深层地下水贮存于第一个相对隔水层(埋深 50~120 m)以下、300 m 深度以内的承压含水层之中。本区深层地下水系统通过上游(山前地区)浅层水间接接收大气降水的补给、基岩裂隙水的补给及裂隙岩溶水的补给。根据深层地下水的边界条件、渗流场的结构、水动力场的特征,本区深层地下水可划分为 3 个子系统。

(一)古汝河流域深层地下水系统

古汝河流域深层地下水系统分布在上蔡岗西侧至汝南县到万金店一线的

西南侧、寒冻以西的岗地及倾斜平原中。砂层顶板埋深 60~110 m,砂层厚度 10~30 m。水头高程由上游的 73.26 m 到下游汝河沿岸的汝南、王岗一带的 45 m 左右。在金铺、水屯、古城以南,古城马乡、袁寨以北的倾斜平原及冲积平原中,压力水头高出地表 0.33~0.9 m,构成本系统的自流区。钻孔单位出水量 1.17~7.37 t/(h·m)。

(二)古淮河流域深层地下水系统

古淮河流域深层地下水系统分布于寒冻、万金店一线以南的倾斜平原及冲积平原中。砂层顶板埋深 50~120 m,砂层厚度 45~80 m,水头高程 39.78~43.50 m。在冲积平原中,水头高出地表 1.75~1.92 m,构成本系统的自流区。钻孔单位出水量 5.63~14.92 t/(h·m)。

(三)古洪河流域深层地下水系统

古洪河流域深层地下水系统分布在汝南、万金店以北的冲积平原区,砂层顶板埋深 60~210 m,砂层总厚度 33~80 m,水头高程 41.46~44.12 m,钻孔单位出水量 4.73~9.64 t/(h·m)。

三、自流水

在汝南、平舆、新蔡一带,分布着近 3 000 km^2 的自流水,位于汝南凹陷的中部,属新构造持续沉降区。水文地质结构为一向东南开口的自流水盆地。

自流含水层由中更新统、下更新统及新第三系的含水岩组构成。下更新统和新第三系在不少地段相互贯通,具有统一的水动力特征。

本自流水区形成的基本条件是:

(1)补给区位置高。补给区高于径流区。

(2)补给区具有充足的补给水源。

(3)承压区含水顶板透水性差。

(4)承压水层的下游无明显的排泄区。

在汝南、平舆一带,自流水由下更新统含水层组成,自流深度 110.62~300 m,含水层岩性为砾石、砂砾层、中粗砂、含砾中细砂层。砂层总厚度 5.95~38.35 m,水头高出地面 0.1~0.93 m。水化学类型为 HCO_3—Ca,HCO_3—Ca、Mg(Ca、Na)型水,矿化度 0.27~0.83 g/L,属淡水。

四、矿泉水

矿泉水是近年来新兴的一种地下深处自然涌出的或经人工加工,未受污染并含有一定量的矿物盐、微量元素或二氧化碳气体的天然饮料。驻马店市矿泉水资源比较丰富，据不完全统计，仅确山、遂平、西平、平舆、汝南和驻马店等县（市）就有产地十多处，年开采量可达 15 000 万 t。现以豫坡酒厂矿泉水、平舆县矿泉水为代表简述如下。

（一）豫坡酒厂矿泉水（272）

豫坡酒厂矿泉水（272）位于西平县五沟营乡老王坡豫坡酒厂 I 号井。井附近全为第四系，地貌为平原地带的一片相对洼地。矿泉水无色、无味、清澈透明。锶含量 0.716~0.800 mg/L，偏硅酸含量 49.89~53.22 mg/L。以上两项指标均达到国家标准《饮用天然矿泉水》（GB 8537—2008）的要求。

（二）平舆县矿泉水（273）

平舆县矿泉水（273）位于县城区 25 km^2 以内，属湖积平原型，地表下 206 m 内为第四系覆盖物，深层地下水属同一承压水系，含水层厚度达 30~100 m，矿泉水赋存于中、下更新统含水岩组中，无色、表面张力大、口感好，经取水检测：锶含量 0.27~0.32 mg/L，偏硅酸含量 50.05~57.2 mg/L，两项指标均达到国家标准《标准饮用天然矿泉水》（GB 8537—2008）的界限标准，定为锶、偏硅酸复合型优质饮用天然矿泉水。

五、地热资源

（一）概述

地热资源是指贮存于地下，具有一定质量（品级）和数量，可供开发利用的地热能资源。地热开发利用的主体是地热载体，即地热流体，但热储的骨架内也贮有相当的热量。地热资源可分为五类：以蒸汽为主的地热资源、以液态水为主的地热资源、地压型地热资源、干热岩型地热资源和岩浆型地热资源。前两种称为“水热型”地热资源，是目前国内外地热开发的重点；后两种统称“干热型”地热资源，开发利用不普遍。

（二）地热地质条件

驻马店市域跨驻马店—淮滨凹陷带和西平—平舆凸起两个三级构造单元，沉积了巨厚的新生界。驻马店—淮滨凹陷带以古近系为主，热储岩性以细砂岩、粉砂岩为主，成岩程度高，埋藏较深，累计厚度大，热储温度较高，井口水温 40~60 ℃。西平—平舆凸起以新近系为主，热储岩性为各粒级砂岩、砂砾岩，由于时代新，成岩程度低，呈半胶结状，热储温度稍低，井口水温 40~48 ℃。

（三）地热资源概况

（1）遂平—驻马店市区—正阳一带处于凹陷带内。根据区域资料，新生界厚度一般 1 200~2 500 m,颗粒细,厚度大。根据勘探资料,累计可利用厚度 150 m,出水量约 14.02 m^3/h,井口水温 40~50.5 ℃。水化学类型为 SO_4^{2-}—Na^+型,矿化度 3 328.9 mg/L,偏硅酸 32.5 mg/L,硫化氢 1.13 mg/L,达到矿水浓度标准,氟达到医疗热矿水命名标准。

(2)西平—平舆—新蔡一带处于凸起之上。根据区域资料,新生界厚度一般 1 000~1 500 m 不等,颗粒较粗,埋藏较浅。根据新蔡勘探资料,累计热储厚度 180 m,出水量达 40~95.9 m^3/h,井口水温 38~44.8 ℃。水化学类型为 HCO_3^-—Na^+型,矿化度 540.5 mg/L,属淡水,偏硅酸 31.3 mg/L,达到矿水浓度标准,具有较高的医疗价值。另外,平舆、汝南县城内在地质条件适宜的地点,深度 1 000 m 左右,出水量 30~40 m^3/h,井口水温 40~45 ℃。水化学类型为 HCO_3^-—Na^+型,矿化度 581.6 mg/L,偏硅酸 26.0 mg/L,达到矿水浓度标准。

第五章　潜力资源介绍

一、泌阳县高店碱矿(187)

泌阳县高店碱矿(187)位于泌阳县高店—安棚一带高店乡肖湾村,地理坐标:东经113°12′00″,北纬32°34′00″。

(一)资源状况

泌阳县高店碱矿产出地层位于泌阳凹陷内前姚庄—安棚一带的古第三系核桃园组(Eh)地层中,含矿段位于古第三系核桃园组核二段的中、下部和核三段上部。是固液并存的矿床,以固体碱为主,液体碱主要分布在矿区的西部边缘。固体碱矿层一般呈层状、似层状、纹层状、条带状出现,在接近矿层或矿层的岩层中及岩层裂缝、溶孔、溶洞中常呈团块状,透镜状或脉状出现,矿层底界和岩层的界限比较清晰,产状一致,地层倾角一般为7°~12°。矿层自然单层厚度最小0.05 m,最大1.60 m,大部分大于0.10 m。液体碱卤水一般赋存在白云岩、泥质白云岩的溶孔、溶洞或裂缝中。

通过对碱矿石的薄片鉴定、X衍射、差热分析、红外光谱、光谱分析、化学分析等资料的研究,发现安棚碱矿矿物的主要成分有重碳钠盐和碳氢钠石。另外,还有碳钠钙石、方沸石、钠沸石、硅硼钠石、石膏、黄铁矿等自生矿物和大量陆源碎屑矿物。其天然碱纯度较高,质量很好。经地质勘探,已探明储量达1 000万t以上。

(二)开发利用前景

纯碱在我国是重要的工业产品,过去纯碱产需矛盾较大,全国平均缺口为21.5×10^{-2},市场供不应求。由于近两年国内新建的山东淮坊等多个年产60万t的大碱厂,加上原有厂家,全国年产已达1 106万t,产量跃居世界第一位。但是低盐重质纯碱产量严重不足,供不应求。高店碱矿开发加工后的产品为低盐重质纯碱,是生产浮法玻璃、彩色显像管等必不可少的工业原料,有着广阔的市场和前景,同时加入WTO后我国纯碱将受到美国天然碱的冲击,只有加快发展才能增强国际竞争力,也将产生巨大的社会效益和经济效益。

(三)勘查开发建议

高店—安棚碱矿是在石油勘探时发现并兼带进行勘查的,因此钻井布置不是很规则,矿芯取样较少,应进一步开展勘查工作,摸清资源现状。

当前纯碱需求旺盛,且价格保持在一个较高水平,本矿规模大,应加大开发力度,早日取得经济效益。

二、含钾岩矿

(一)资源状况

驻马店市含钾岩矿资源丰富,现已查明产地8处,其中以泌阳县乔家庄含钾黏板岩矿床为最大。

泌阳县乔家庄含钾岩石主要产于汝阳群白草坪组和洛峪群崔庄组、洛峪口组,赋矿岩性为紫红色含砾粉砂岩和青灰色、灰绿色的致密块状的含钾黏板岩。本地区各含钾岩石矿层层位稳定,品位较高,出露范围大,露采地段多,矿层厚度大,一般在20~25 m。

目前仅对崔庄组第二层钾矿进行了勘探,共求得B+C+D级矿石量1 819.26万t。K_2O平均含量为9.70%,$Na_2O\leqslant3\%$,、$MgO\leqslant3\%$。其余均未评价,据驻马店地区不溶性钾矿总量预测评价,远景储量达16.87亿t,仅在乔家庄一带(40 km^2)远景储量即达10亿t,非溶性钾矿资源非常丰富。

其他含钾岩产地如确山周庄、拐头山、大连庄、大金山,泌阳毛茅沟、苏庄等资源品位均较高。

(二)开发利用前景

含钾岩是生产钾肥的重要原料,我国是农业大国,对钾肥的需求量极大,科研机构一直致力于非溶性含钾岩的生产钾肥的研究,“高炉炼钾联产白水泥工艺”“热化学转化法生产颗粒肥”等一批成果的出现,使得含钾岩的开发利用日趋升温,驻马店市含钾岩资源丰富,品位较高,具有良好的开发前景。

(三)勘查开发建议

此前,因含钾岩的开发利用规模较小,驻马店市对该种资源的研究程度较低,应加强勘查工作。

开发时注意综合开发利用,提高经济效益,降低资源损耗。

三、泌阳县羊册金红石矿

矿区位于驻马店市泌阳县羊册。驻马店—南阳公路横贯矿区,东距京广线驻马店站77.6 km,西距焦枝线南阳站67.2 km,南距泌阳县城30 km,有公路相通,交通便利。

(一)资源状况

矿床东起羊册,西至南召县云阳镇,地理坐标:东经 112°41′~113°15′,北纬 33°00′~33°28′,矿带分布长 65 km,出露宽 1.5~4.5 km,金红石含量 1.5%~2.8%,最高达 4%,远景地质储量 2 000 万 t,现已进行的地质普查工作面积 160 km^2,地质详查工作面积 30 km^2。详查地质工作区内矿体特征如下:矿体分布在左老庄组第二岩性段近上部斜长角闪片岩地层中,主要受地层控制,走向 290°~320°,倾向南西,倾角 60°~80°。在姚庄一带矿区范围内共发现大小矿体 17 个,长度一般在 1 000~2 350 m,厚度多在 15 m 以内。Ti-1 号矿体出露长 5 400 余 m,工程控制 4 000 m,矿体厚度 35.21~116.44 m,平均 71.24 m。地质普查探明金红石矿 $RTiO_2$ 资源量 333 级 41.09 t,3341 级 31.73 万 t,合计 72.82 万 t;矿带 3342 级 401.04 万 t。全区远景储量 2 892.37 万 t。是目前我国发现的最大金红石矿。

(二)开发利用前景

金红石是提炼金属钛的重要矿物原料,也是生产金红石型钛白粉的最佳原料及高档电焊条的必须原料之一。随着社会的发展,航空、建筑、汽车、生活休闲、医疗、化工、海洋开发等领域对钛材的需求日趋旺盛。

(三)勘查开发建议

金红石的开发应注重选矿工艺的提高,提高经济技术指标,降低生产成本。

四、确山县白云岩矿

(一)资源状况

确山县境内的白云岩矿主要产在下寒武统辛集组中,目前已发现 5 个矿床,其中大型矿床 3 处,矿床概况见表 5-1。

白云岩是驻马店市的优势矿产,上述资源量仍有扩大的可能。

确山县白云岩品质好,储量大。境内的优质白云岩未大规模开采,少量民用采石对储量消耗有限,故确山县境内储量较大的白云岩矿床基本上处在未开发利用的状态。

确山县白云岩有两大优势:一是质量较好,如兰楼白云岩,MgO 含量达 19.39%~21.74%,接近理论值;二是具有较好的区位优势,紧靠南北交通要道—京广铁路、京珠高速公路、107 国道。

表 5-1 确山县白云岩矿一览表

矿区编号	位置	地理坐标	资源量(kt)	品位	规模
412821018	确山县黑山	东经 113°56′22″ 北纬 32°46′31″	4 000	MgO 19.22%	矿点
412821017	确山县毛旦山	东经 113°55′54″ 北纬 32°46′55″	70 580	MgO 16.99%~21.47%	大型矿床
412821019	确山县杏树沟	东经 113°53′49″ 北纬 32°45′09″	109 481	MgO 17.21%~21.74%	大型矿床
412821014	确山县兰楼	东经 113°56′60″ 北纬 32°44′55″	75 493.5	MgO 19.39%~21.41%	大型矿床
412821016	驿城区横山		46 285		中型矿床
合计	305 839.5				

(二)开发利用前景

钢铁工业、玻璃工业、陶瓷工业、化工、建材等领域都是白云岩的重要用户,有着广阔的市场潜力,工业品位的白云岩可提取金属镁及镁化物,工艺成熟,市场需求量大,建筑用白云岩随着我国新农村建设的推进,需求量也在增加。

(三)勘查开发建议

驻马店市的白云岩分布广、储量大,随着开发利用的程度应增加该矿种的勘查投入,资源量仍有扩大的可能。

坚持综合开发,形成矿山综合开采→矿石深加工→产品开发一条龙,实现综合利用,扩大经济效益。

五、确山县化工灰岩、熔剂用灰岩及水泥用灰岩资源

(一)资源状况

确山县一带是豫南石灰岩分布集中区之一,共发现石灰岩矿产地 12 处。全县境内的化工灰岩矿、熔剂灰岩矿及水泥灰岩矿主要产在寒武系、奥陶系中,目前共发现石灰岩矿产地 12 处(其中已发现 1 个化工灰岩矿床和 2 个熔剂灰岩矿床)。

驻马店市已探明化工灰岩储量 16 534.3 万 t,熔剂灰岩储量 13 980.26 万 t,水泥用灰岩资源量 10 974.6 万 t,各产地石灰岩储量情况见表 5-2。此类资源为驻马店市优势资源,根据近期勘察显示其资源量仍有扩大的可能。

表 5-2　确山县石灰岩资源基本情况一览表

矿区名称	矿产名称	地勘程度	规模	单位	储量	基础储量	资源量
确山县独山熔剂用灰岩	熔剂用灰岩	勘探	大型	万 t	6 291.5	6 990.7	5 965.1
确山县兰冲熔剂用灰岩	熔剂用灰岩	普查	小型	万 t	0	0	815.6
确山县南山化工灰岩	化工用灰岩	详查	大型	万 t	4 234.1	4 981.3	11 553
确山县金牛山水泥用灰岩	水泥用灰岩	勘探	中型	万 t	4 756	5 284	
驿城区秀山水泥用灰岩	水泥用灰岩	勘探	小型	万 t	0	400.9	150.4
确山县面灌山水泥用灰岩	水泥用灰岩	预查	小型	万 t			250
确山县卧牛山水泥用灰岩	水泥用灰岩	普查	中型	万 t			1 847.31
确山县尖山水泥用灰岩	水泥用灰岩	普查	小型	万 t			114
确山县张冲煤窑水泥用灰岩	水泥用灰岩	预查	小型	万 t			280
确山县兰冲水泥用灰岩	水泥用灰岩	普查	小型	万 t			482.23
确山县莲花山水泥用灰岩	水泥用灰岩	普查	小型	万 t			1 062.87
确山县后胥山水泥用灰岩	水泥用灰岩	普查	小型	万 t			921.86
驿城区秀山水泥用大理岩	水泥用大理岩	勘探	中型	万 t	163	181	0

由表 5-2 可知，确山县境内共有石灰岩大型矿床 2 处，中型矿床 2 处，小型矿床 8 处。大中型矿床均已勘探或详查，能满足目前经济建设的需要。

（二）开发利用前景

化工、钢铁工业、建筑等领域都是化工灰岩、熔剂灰岩及水泥灰岩的重要用户，有着广阔的市场潜力，市场需求量大。据预测，水泥用灰岩的需求量在 387 万 t/a，熔剂用灰岩的需求量达 83 万 t/a，化工灰岩的需求量为 11.7 万 t/a。

驻马店市有着较好的区位优势和良好的交通网络，通过调整产业结构和科技创新，高附加值的矿产品具有良好的发展空间。

（三）勘查开发建议

驻马店市的化工灰岩、熔剂灰岩及水泥灰岩储量大，质量优，现阶段部分矿产未能做到物尽其用（作为制灰、石料开采），存在资源浪费情况，随着开发利用程度的不断提高应增加该矿种的勘查投入，资源量仍有扩大的可能。

坚持综合开发，形成矿山综合开采→矿石深加工→产品开发一条龙，实现综合利用，扩大经济效益。

现阶段开发利用程度较低，但开发强度较大，建材业发展势头强劲，消耗速度加快，以现有储量和开发速度，资源保证仅在30年以内。因此，应加大后续勘查力度，力争在驿城区等成矿有利地段及深部找矿方面有所突破。

六、矿泉水及地热资源

驻马店市地下水资源丰富，开发利用历史悠久。

（一）资源状况

矿泉水富含对人体有益的微量元素，是天然保健饮料。近年来国内、国际市场掀起了饮用矿泉水热潮，有力地推动了驻马店市对该矿种的开发利用。现驻马店市已查明有矿泉水产地10多处，但大都处于起步阶段。

驻马店市域地热资源较丰富，既存在古近系地热资源，又存在新近系地热资源，在不同地段可根据地质条件情况开发利用。对于古近系热储层，单井出水量约20 m^3/h，井口水温45～60 ℃。水化学类型为SO_4^{2-}—Na^+型，矿化度较高，为氟矿水，偏硅酸含量达到矿水浓度标准，具有较高医疗价值。对于新近系热储层，在合适的地点，单井出水量16～30 m^3/h，井口水温40～48 ℃。水化学类型为HCO_3^-—Na^+型，为低矿化水，偏硅酸含量达到热矿水浓度标准，具有一定的医疗价值。

（二）开发利用前景

地热资源主要用于医疗、洗浴，这是地热水最普遍的使用途径。热矿水医疗属综合性的医疗，它是物理、化学和放射性物质综合作用的结果。热矿水的医疗作用主要是通过温度、机械、化学成分对人体的刺激作用而实现的：热水浴能够舒筋活血，刺激皮肤层神经末梢，兴奋副交感神经系统，促进血液循环及新陈代谢，增强胃肠蠕动功能；热矿水中所含各种化学成分，有杀菌、消毒、软化、溶解角质之功效，对关节炎、腰腿痛、风湿病、皮肤病等多种疾病具有一定的治疗作用。

目前,地热的应用已经越来越多地走进人们的生活,除了传统的温泉洗浴疗养,地温空调在很多现代化小区也得了应用,地热已经成为改善人民生活的新能源。

(三)勘查开发建议

驻马店市蕴藏丰富的地热及矿泉水资源,应及早开发利用,提高综合利用效率,为发展当地经济、改善生态环境、提高居民生活质量服务。开发利用地热资源,对于落实科学发展观,建立和谐社会具有重要意义。

第六章　矿产资源开发

矿产资源开发离不开对《中华人民共和国矿产资源法》(简称《矿产资源法》)的了解、掌握和运用。

国家对矿产资源开发非常重视,前后三次对矿产资源法进行定稿、修改和完善。《矿产资源法》在1986年3月19日第六届全国人民代表大会常务委员会第十五次会议通过,根据1996年8月29日第八届全国人民代表大会常务委员会第二十一次会议《关于修改〈中华人民共和国矿产资源法〉的决定》第一次修改,根据2009年8月27日第十一届全国人民代表大会常务委员会第十次会议《关于修改部分法律的决定》第二次修改。

一、矿产资源勘查的登记和开采的审批

《矿产资源法》第十二条规定:国家对矿产资源勘查实行统一的区块登记管理制度。矿产资源勘查登记工作,由国务院地质矿产管理部门负责;特定矿种的矿产资源勘查登记工作,可以由国务院授权有关主管部门负责。矿产资源勘查区块登记管理办法由国务院制定。

《矿产资源法》第十三条规定:国务院矿产储量审批机构或者省、自治区、直辖市矿产储量审批机构负责审查批准供矿山建设设计使用的勘探报告,并在规定的期限内批复报送单位。勘探报告未经批准,不得作为矿山建设设计的依据。

《矿产资源法》第十四条规定:矿产资源勘查成果档案资料和各类矿产储量的统计资料,实行统一的管理制度,按照国务院规定汇交或者填报。

《矿产资源法》第十五条规定:设立矿山企业,必须符合国家规定的资质条件,并按照法律和国家有关规定,有审批机关对其矿区范围、矿山设计或者开采方案、生产技术条件、安全措施和环境保护措施等进行审查;审查合格的,方予批准。

《矿产资源法》第十六条规定:开采下列矿产资源的,由国务院地质矿产主管部门审批,并颁发采矿许可证:

1. 国家规划矿区和对国民经济具有重要价值的矿区内的矿产资源;
2. 前项规定区域以外可供开采的矿产储量规模在大型以上的矿产资源;

3. 国家规定实行保护性开采的特定矿种；

4. 领海及中国管辖的其他海域的矿产资源；

5. 国务院规定的其他矿产资源。

开采石油、天然气、放射性矿产等特定矿种的，可以由国务院授权的有关主管部门审批，并颁发采矿许可证。

开采第一款、第二款规定以外的矿产资源，其可供开采的矿产的储量规模为中型的，由省、自治区、直辖市人民政府地质矿产主管部门审批和颁发采矿许可证。

开采第一款、第二款、第三款规定以外的矿产资源的管理办法，由省、自治区、直辖市人民代表大会常务委员会依法制定。

依照第三款、第四款的规定审批和颁发采矿许可证的，由省、自治区、直辖市人民政府地质矿产主管部门汇总向国务院地质矿产主管部门备案。

矿产储量规模的大型、中型的划分标准，由国务院矿产储量审批机构规定。

《矿产资源法》第十七条规定：国家对国家规划矿区、对国民经济具有重要价值的矿区和国家规定实行保护性开采的特定矿种，实行有计划的开采；未经国务院有关主管部门批准，任何单位和个人不得开采。

《矿产资源法》第十八条规定：国家规划矿区的范围、对国民经济具有重要价值的矿区的范围、矿山企业矿区的范围依法划定后，由划定矿区范围的主管机关通知有关县级人民政府予以公告。

矿山企业变更矿区范围，必须报请原审批机关批准，并报请原颁发采矿许可证的机关重新核发采矿许可证。

《矿产资源法》第十九条规定：地方各级人民政府应当采取措施，维护本行政区域内的国有矿山企业和其他矿山企业矿区范围内的正常秩序。

禁止任何单位和个人进入他人依法设立的国有矿山企业和其他矿山企业矿区范围内采矿。

《矿产资源法》第二十条规定：非经国务院授权的有关主管部门同意，不得在下列地区开采矿产资源：

1. 港口、机场、国防工程设施圈定地区以内；

2. 重要工业区、大型水利工程设施、城镇市政工程设施附近一定距离以内；

3. 铁路、重要公路两侧一定距离以内；

4. 重要河流、堤坝两侧一定距离以内；

5. 国家规定的自然保护区、重要风景区，国家重点保护的不能移动的历史文物和名胜古迹所在地；

6. 国家规定不得开采矿产资源的其他地区。

《矿产资源法》第二十一条规定：关闭矿山，必须提出矿山闭坑报告及有关采掘工程、不安全隐患、土地复垦利用、环境保护的资料，并按照国家规定报请审查批准。

《矿产资源法》第二十二条规定：勘查、开采矿产资源时，发现具有重大科学文化价值的罕见地质现象以及文化古迹，应当加以保护并及时报告有关部门。

二、矿产资源的勘查

《矿产资源法》第二十三条规定：区域地质调查按照国家统一规划进行。区域地质调查的报告和图件按照国家规定验收，提供有关部门使用。

《矿产资源法》第二十四条规定：矿产资源普查在完成主要矿种普查任务的同时，应当对工作区内包括共生或者伴生矿产的成矿地质条件和矿床工业远景做出初步综合评价。

《矿产资源法》第二十五条规定：矿床勘探必须对矿区内具有工业价值的共生和伴生矿产进行综合评价，并计算其储量。未作综合评价的勘探报告不予批准。但是，国务院计划部门另有规定的矿床勘探项目除外。

《矿产资源法》第二十六条规定：普查、勘探易损坏的特种非金属矿产、流体矿产、易燃易爆易溶矿产和含有放射性元素的矿产，必须采用省级以上人民政府有关主管部门规定的普查、勘探方法，并有必要的技术装备和安全措施。

《矿产资源法》第二十七条规定：矿产资源勘查的原始地质编录和图件，岩矿心、测试样品和其他实物标本资料，各种勘查标志，应当按照有关规定保护和保存。

《矿产资源法》第二十八条规定：矿床勘探报告及其他有价值的勘查资料，按照国务院规定实行有偿使用。

三、矿产资源的开采

《矿产资源法》第二十九条规定：开采矿产资源，必须采取合理的开采顺序、开采方法和选矿工艺。矿山企业的开采回采率、采矿贫化率和选矿回收率应当达到设计要求。

《矿产资源法》第三十条规定：在开采主要矿产的同时，对具有工业价值的共生和伴生矿产应当统一规划,综合开采,综合利用,防止浪费;对暂时不能综合开采或者必须同时采出而暂时还不能综合利用的矿产以及含有有用组分的尾矿,应当采取有效的保护措施,防止损失破坏。

《矿产资源法》第三十一条规定:开采矿产资源,必须遵守国家劳动安全卫生规定,具备保障安全生产的必要条件。

《矿产资源法》第三十二条规定:开采矿产资源,必须遵守有关环境保护的法律规定,防止污染环境。

开采矿产资源,应当节约用地。耕地、草原、林地因采矿受到破坏的,矿山企业应当因地制宜地采取复垦利用、植树种草或者其他利用措施。

开采矿产资源给他人生产、生活造成损失的,应当负责赔偿,并采取必要的补救措施。

《矿产资源法》第三十三条规定:在建设铁路、工厂、水库、输油管道、输电线路和各种大型建筑物或者建筑群之前,建设单位必须向所在省、自治区、直辖市地质矿产主管部门了解拟建工程所在地区的矿产资源分布和开采情况。非经国务院授权的部门批准,不得压覆重要矿床。

《矿产资源法》第三十四条规定:国务院规定由指定的单位统一收购的矿产品,任何其他单位或者个人不得收购;开采者不得向非指定单位销售。

第七章　固体废物的处置与处理

一、固体废物的定义和来源

(一)固体废物的定义

《中华人民共和国固体废物污染环境防治法》明确指出:固体废物,是指在生产建设、日常生活和其他活动中产生的污染环境的固态、半固态废弃物质。它主要包括工业固体废物、农业固体废物、城市生活垃圾、废水处理污泥等。

这里的废物是指某一物质在特定利用过程中,或某些性能已经没有使用价值,而并非指某一物质的一切使用过程或一切性能都没有使用价值。因此,废物往往只是相对的概念,具有一定的时间性和空间性。在一个企业或部门被丢弃不用的东西,转移到另一个企业或部门则可能变为有用的资源;在一段时间被认为没用的废物,在另一段时间里则可能成为有用的资源。但是,这些被丢弃的不用的废物在未找到新的用途之前,它们仍属于废物之列。所以,废物常常被看作是"放错地点的原料"。

(二)固体废物的来源

固体废物主要来源于人类的生产和消费活动,人们在资源开发和产品制造过程中,必然有废物产生,任何产品经过使用和消费后都会变成废物。

1. 工业固体废物

固体废物数量大、品种繁多。冶金、煤炭、电力、化工和建材等工业是产生固体废物最多的部门,产生的固体废物主要是冶金渣、燃料渣和化工渣等。例如:我国每炼 1 t 铁,就会产生 0.6~0.7 t 高炉渣,一年排出超 2 100 万 t 高炉渣;钢渣的排量约占粗钢产量的 20%;我国每年排放的有色金属渣约为 600 万 t,其中数量最多的是氧化铝渣,其次是钢渣、铅渣、锌渣及稀有金属渣等。在采矿工业中大量存在的采矿废石和尾矿,不但种类繁多,而且数量巨大。每生产 1 t 炼铁精矿,约产生 1.5 t 尾矿,目前我国每年排出尾矿超 4 亿 t。

2. 城市固体垃圾

城市固体垃圾是居民生活中产生的各种固体废物,如煤渣、纸屑、废塑料和生活残渣等,估计每年超 1.4 亿 t。

二、固体废物的分类和危害

(一) 固体废物的分类

固体废物有多种分类方法:按废物的化学性质,可以把固体废物分为无机废物和有机废物;按其来源,可分为矿业固体废物、工业固体废物、城市垃圾、农业废物和放射性固体废物。

为了采取不同的处理方式对固体废物进行管理、无害化处理和综合利用,也可根据固体废物的理化性质将其分为工业固体废物、城市生活垃圾和有毒有害固体废物三大类。

《中华人民共和国固体废物污染环境防治法》将固体废物分类如下:

(1)工业固体废物是指在工业生产、加工过程中产生的废渣、污泥和矿石等固体废物。

(2)城市生活垃圾是指在城市日常生活或者为城市日常生活提供服务的活动中产生的固体废物,以及法律、行政法规定视为城市生活垃圾的固体废物。

(二)危险废物

危险废物是指列入国家危险废物名录或者根据国家规定的危险废物鉴定标准和鉴别方法认定的具有危险特性的废物。危险特性主要是指毒性、易燃性、腐蚀性、反应性、传染病性,以及放射性等。

(三)固体废物的危害

1. 污染土壤

1)占用土地

随着国家城市化进程的强快,城市数量增多、规模扩大,固体废物的生产量也急剧上升。据统计,全国累计堆存废物已达60亿t,占地5.4亿m^2,全国多座城市陷入垃圾包围中。

2)毒化土壤

废物随意堆放或没有适当防渗措施的垃圾填埋,其中的有害成分很容易经过风化、雨雪淋溶、地表径流的侵蚀,产生有毒液体。而这些有毒液体会渗入土壤,易造成土壤板结、杀死土壤生物,严重破坏土壤生态系统,甚至导致寸草不生。

2. 污染水体

1)淤塞水域

不少国家直接将固体废物倾倒入河流、湖泊和海岸,甚至把向海洋投弃作为一种处置方法。

2)破坏水体

固体废物投入水体,污染水质,直接影响和危害水生生物的生存和水资源利用。堆积的固体废物,经过雨水浸淋及自身分解,渗出液和滤液会污染江河、湖泊,甚至污染地下水。某选矿厂的尾矿堆积量达上千万吨,严重污染下游水体和地下水,使渗出氰的浓度高达10.6 mg/L。

3.污染大气

废物中的颗粒与粉末能随风飞扬,使能见度下降。有害物质本身还会散发大量毒气,使大气受到严重污染。同时,采用焚烧法处理固体废物已成为有些国家大气污染的主要污染源之一。

4.影响环境卫生,传播疾病

城市人口剧增,使城市生活垃圾的排放量大大增加。

5.浪费资源

1)人力和财力的浪费

污染固体废物要用大量人力和财力去进行管理和处置,造成人力和财力的浪费。

2)资源浪费

固体废物实际上是宝贵的资源,固体废物中绝大部分物质都是可以利用的。炼铁的废渣——高炉渣是制造建筑材料的好原料;制造硫酸的废渣——硫铁矿烧渣是炼铁和提取有色金属的原料;城市生活垃圾经堆肥处理后是土壤的改良剂等。这些固体废物如不及时利用,是对资源的巨大浪费。

总之,固体废物危害是多方面的,也是很严重的。固体废物的处理及综合利用率很低,绝大部分的废物只是弃置,造成严重的二次污染,因此必须采用严格有效的技术方法来进行固体废物的污染控制。

三、固体废物的处理与处置

(一)固体废物的处理原则

国家近期以"无害化""减量化""资源化"作为控制固体废物污染的技术政策,并确定今后较长一段时间内以"无害化"为主,以"无害化"向"资源化"过渡,"无害化""减量化"应以"资源化"为条件。

1.固体废物的"无害化"处理

基本任务是将固体废物通过工程处理,达到不损害人体健康、不污染周围自然环境的目的。如垃圾焚烧、卫生填埋、堆肥、厌氧发酵和有害废物的解毒处理等。

2. 固体废物的“减量化”处理

基本任务是通过适宜的手段,减少和减小废物的数量和容积。这一任务主要可以通过清洁生产和对固体废物的处理来实现。

3. 固体废物的“资源化”处理

基本任务是采用工艺措施从固体废物中回收有用的物质和能源。如具有高位发热量的煤矸石,可以通过燃烧回收热能或转化为电能,也可以用来代土节煤生产内燃砖。

“资源化”应遵循的原则是进行“资源化”的技术是可行的,经济效益比较好,有较强的生命力,废物应尽可能在排放源就近利用,以节省废物在存放、运输等过程中的投资;“资源化”的产品应当符合国家相应产品的质量标准,具有市场竞争力。

(二)固体废物处理方法

固体废物处理是指将固体废物转变成适于运输、利用、储存或最终处置的过程。固体废物处理方法可概括为物理处理、化学处理、生物处理、热处理和固化处理等。

(三)固体废物处理技术

1. 预处理技术

预处理经常用于固体废物中某些成分的分离和浓集,回收其中的有用材料。其包括压实技术、破碎技术、分选技术脱水和干燥等。

2. 资源化处理技术

1)热化学处理

目前,常用的热化学处理技术主要有焚烧、热解、湿式氧化等。

2)生物处理

目前应用比较广泛的有堆肥化、厌氧消化法(沼气发酵)、废纤维素糖化和生物浸出等。

(四)固体废物处置方法

固体废物处置工程是固体废物污染控制的末端环节,是解决固体废物的归宿问题。一些固体废物经过处理和利用,总还会有部分残渣存在,而且很难加以利用,这些残渣往往又富集了大量有毒有害成分;还有些固体废物,目前尚无法利用,它们将长期地保留在环境中,是一种潜在的污染源。为了控制其对环境的污染,必须进行最终处理,使之最大限度地与生物圈隔离。

固体废物处置方法分为海洋处置和陆地处置两大类。海洋处置方法包括深海投弃和海上焚烧;陆地处置方法包括深井灌注、土地耕作和土地填埋等。

四、典型固体废物的处理与处置

(一)危险固体废物的无害化处理与处置

危险固体废物是多种污染物质的终态。为了控制其对环境的污染,必须寻求一条合理的途径,使它最大限度地与生物圈隔离,并对它进行最终处置。因此,无害化处理是解决其最终归属问题,也是危险废物管理中最重要的一环,受到广泛的重视。危险固体废物的处理方法一般有以下几种:填埋法、焚烧法、固化法(水泥固化法、塑料固化法、水玻璃固化法、沥青固化法)、化学法、生物法。

(二)有害废渣的回收处理与利用

化学工业生产中排出的许多废渣具有毒性,必须经过资源化处理加以回收和利用。有害废渣包括含汞废渣、含铬废渣、电镀污泥、氰渣、砷渣、可燃性危险废物。

1. 汞废渣

含汞固体废物主要有汞矿和冶炼厂排出的含汞矿石烧渣及化学工业中的聚乙烯生产产生的汞渣碳,水银法制氯碱,电解法生产烧碱定期更换下的含汞触媒等。由于汞的沸点低于废物中其他物质,目前,国内外多采用焙烧法处理并回收废物中的汞。此外,还有氧化法和固定法等。

对于含汞污泥和固态含汞废物,一般均需加入碱系药剂处理后才送去焙烧。对于含汞金属类或玻璃类废物,需先把它们加工破碎,并用药剂处理后,再去焙烧。焙烧所产生的含汞蒸气,经除尘器除去大部分灰尘后,进入冷凝器回收其中的大部分汞;尾气再依次进入吸收塔和吸附器,吸收剩余汞蒸气;最后由鼓风机经烟囱排出。因此,含汞废物焙烧系通需有尾气和废水处理装置,以确保环境不会受到污染,残渣需做安全填埋处理。

2. 含铬废渣

铬渣是冶金和化工部门在生产金属铬或铬盐时排出的废渣,其中所含的六价铬的毒性较大。处理方法是将毒性大的六价铬还原为毒性小的三价铬,并生成不溶性化合物,在此基础上再加以利用。

3. 电镀污泥

电镀污泥含有多种重金属,目前较难实现回收。比较成熟的处理方法是水泥固化。一般采用 32.5 级硅酸盐水泥作为固化剂,水泥与废物之比在 0.67~4.00。固化体的强度较高,重金属溶出率很低,远低于浸出毒性鉴别标准。

4. 氰渣

氰盐生产中排出的废渣含有剧毒的氰化物，可以采用高温水解—气化法处理。在高温下，废渣中的氰化物经氧化作用，生成 CO_2 和 N_2。处理后，氢含量可以降至 0.05×10^{-6} 以下。

5. 砷渣

砷矿一般与铜、铅和锌等有色金属共生。随着矿产资源的开采和冶炼而转变成含砷废物，如黄渣、铅渣、铜浮渣和含砷废触媒等。应用含砷废渣，可以提取白砷和回收有色金属。

6. 可燃性危险废物

可燃性危险废物主要是指受铅污染的废油、多氯联苯、甲苯、氯化氢、含重金属的润滑油、氟利昂醇类和废可燃溶剂等。这些废物中的毒性组成成分在 1 450 ℃高温和碱性环境中可以得到分解，主要有机有害物去除率在 99.99% 以上，烟气的各项指标均可达到排放标准。因此，国外的许多水泥厂利用可燃废物替代 25%～65%的燃料，节约了能源，降低了水泥成本。

后　记

为将驻马店市矿产资源的分布、矿产开发、矿业生产、矿政管理进行一个系统介绍，以此展示和谐天中、富饶驻马店的一部分，回馈各界对矿业经济发展的关注，透视驻马店市矿产资源开发利用的广阔前景，为有识之士投资矿业经济发展提供一个参考、指南，驻马店市国土资源局组织编撰了《驻马店矿产资源开发与利用》一书，经过近一年的努力，现已完成。

本书的编撰得到了驻马店市自然资源局原局长梁再培、副局长闫建新的高度重视，进行了一系列的策划和统筹。局领导班子，各职能部门、各县区自然资源局对本书的编撰给予了大力支持。

河南省地质矿产勘查开发局第一地质工程院为本书提供了技术支撑，组织地质、测绘、水文等专业技术人员认真收集查阅大量资料，开展了系统的外业调查，力求收纳数据翔实准确。

《驻马店矿产资源开发与利用》共分五章，对驻马店市基本概况、矿业开发环境、区域地质背景、矿产资源、潜力资源分别进行了介绍，既是一部地质资料，又具科普性、宣传性。本书的编撰意义在于深入贯彻科学发展观，贯彻河南省委、省政府提出的“重在持续、重在提升、重在统筹、重在为民”的总体要求，增强矿产资源的保障能力，更好地满足经济社会发展的要求，服务于加快驻马店经济发展的大局。

由于驻马店市不同矿种地质研究程度存在差异，资料来源渠道较多，书内部分资料还有一定的局限性和时效性，加之编者自身知识水平的局限，书中难免有疏漏、不当之处，恳请领导和同志们给予批评指正。

编　者

2021 年 3 月

